人生相談 セレクション

Selection

100の
悩みに答える
100の
諭し

道友社編

天理教道友社

はしがき

世に悩みの種は尽きません。お道の信仰者も、成人の途上にあっては、自身のこと、家族のこと、おたすけ先のことなど、身上・事情や信仰上の悩みを抱えます。

『天理時報』紙上に「人生相談」の欄が設けられて、十数年が経《た》ちました。その間、主によふぼく・信者の方々から数多くの悩みが寄せられ、いまも相談の手紙は絶えません。こうした悩みに対し、おたすけの第一線に立たれる教会長や、各分野で活躍中のよふぼくの方々から、教理や専門知識、自身の経験などを交えた親身の回答を頂いてきました。

本書は、これまで『天理時報』に掲載された五百を超える相談の中から、現代社会ならではの具体的な百の悩みを選び出し、その回答を「身上」「事情」「信仰」の三篇に分けて編集したものです。悩みを抱える方には、解決に近づくヒントとなり、〝真のたすかり〟へと導く先達《せんだち》の方には、修理・丹精の参考になれば、この上ない喜びです。

平成十六年二月　　編者

【……目次……】

第2部 事情篇

第3部 信仰篇

回答者の肩書は『天理時報』掲載時のもの。
回答文末の日付は『天理時報』の掲載号を示す。

第1部　身上篇

問１　孫の自閉症を治してやりたい

長女の二歳になる娘が「自閉症」と診断されました。良い治療法があるのなら、どんなことをしても治してやりたいのですが、あまり情報を得ることができません。孫の将来も不安です。私自身が何か心定めをしなければいけないとは思いますが、泣き暮らすばかりで、どうしてよいか分かりません。何かアドバイスを頂きたいのです。

（55歳・主婦）

回答……古市俊郎《ふるいちとしろう》　福之泉分教会長、教育相談員

自閉症は、脳機能の障害が推測される発達障害です。たとえて言えば、私たちの頭の中に、ものの理解、記憶、考え、判断などの〝知識の整理だんす〟があると考えてみま

しょう。自閉症の人のたんすは、①他者とのかかわり ②コミュニケーション ③想像力――といった特定の〝引き出し〟が使いにくくなっているのです。

その結果、視線が合わず、一人遊びや平気でどこかへ行くこと、言葉の発達の遅れ、独り言や同じ言動を繰り返すこと、人の気持ちを読むことや物事の意味づけが苦手なこと、将来の予測や環境の変化への適切な対応が難しいこと、特別な事物へのこだわり――などが見られます。知的な度合いはさまざまで、なかには非常に特異な才能を示す人もいます。

自閉症児へのかかわりは、周囲がこの現実を受け入れ、〝引き出し〟が使いやすくなるように積極的な働きかけで発達を促します。早期の療育によって軽症化できるのです。

幼児期では、基本的な生活習慣（洗面、排泄《はいせつ》、衣服の着脱、食事、あいさつなど）を身につけさせることに努めましょう。目線を合わせてから言葉を掛け、やりとりをパターン化して教えます。カードなどの使用も有効です。

光や音に過敏なので、テレビを多く見せるより、できるだけ親や家族と一緒に遊ぶようにしましょう。いろいろな活動や行事に参加させ、興味や関心を広げてやってください。

当然、こうした働きかけには根気と温かさが必要で、親や家族の心身への負担は小さくありません。自閉症児を持つ親や家族には、共に支えてくれる人や仲間が身近に必要だと思います。

自閉症の人には独特の世界があるといいます。彼らの見る世界を理解し、情報の出し入れの仕方が分かってくると、あなたの人生観や幸福感もきっと変化し、豊かに広がることは間違いありません。この現実をしっかりと受け入れ、お孫さんが徐々に成長する過程に、じっくりかかわろうと心を定めてください。

平成13年4月29日号

問2 中学1年の孫が拒食症に

中学一年生の孫娘が最近、拒食症になってしまいました。二カ月で五キロ以上もやせ、現在、身長は一六〇センチ、体重は三五キロしかありません。顔色も悪く、まるで老人のようです。特に白米を食べず、無理に食べさせると後で大変苦しがります。別にやせたいと思っているわけではないようなので、私も息子夫婦も原因が分からず困り果てています。ご守護いただくためには、どう悟り、どう通らせてもらえばよいでしょうか。

（65歳・男性）

回答……古市俊郎《ふるいちとしろう》 福之泉分教会長、教育相談員

拒食症は、十代、二十代の女性に多い心身症です。自分を体型や体重で評価し、異常

な食行動を来《きた》すのが特徴です。原因は複雑で、さまざまな要因が絡《から》み合って起きます。

家族は、食事や栄養面で治そうとしますが、根は心の問題です。一六〇センチの身長に三五キロの低体重では、児童精神科や心療内科を受診したほうがよいと思います。本人が病気を認めず受診を嫌《いや》がる場合には、親だけで相談に行ってもよいでしょう。まずは家族が拒食症に対する正しい知識と理解を持ち、本人を追い詰めず、落ち着いて思案をしましょう。


いまの若い女性には「カワイイ子の条件は、まずやせていること」という〝常識〟があります。タレントやモデル並みの体型を〝普通〟と思っています。以前は異性の目を意識してダイエットしましたが、いまは同性の目を気にします。「友達にカワイイと言われたい」「普通でありたい」と真剣に思って、小学生のうちから体重を気にかけます。〝やせ願望〟ではなく、〝普通願望〟からダイエットをするのです。「いまの自分でいい」という自信が持てないため、ただ皆と同じでいたいのです。

拒食症の人の傾向は、まじめな良い子で、周囲の期待に応《こた》えようと完璧《かんぺき》を求める頑張り屋さんが多いようです。それを支えてきた背景には、母と娘の密接な関係があるようです。だからといって、決して母親一人を責めないでください。母親は懸命に娘に寄り添って育ててきたのです。逆に言えば、父親である夫の態度が、母親をして娘に密着させてきたのかもしれないのです。

本来の家族の問題が、子供の身体《からだ》の中に徐々にため込まれ、今回、表出したのかもしれません。〝悪者探し〟をせずに、家族の関係を見直す良いきっかけにしてください。

をやこでもふう〳〵のなかもきよたいも　みなめへ〳〵に心ちがうで
（おふでさき　五号8）

三世代同居は素晴らしい家庭環境です。家族は所有物ではなく、互いを尊重し合う、ほど良い距離も大切です。

平成14年9月8日号

問3 高校1年の姪が過食症

高校一年生の姪《めい》は、勝ち気な性格で、何でも徹底してやるような子です。厳しい家庭学習からの逃避か、夏休み明けごろから過食症になってしまいました。朝、登校して正門まで行っても、食べたい衝動にかられて家に帰ることも度々です。そうでないときも、夕方帰宅するなり、夜中まで手当たり次第に食べ続けています。その様子を見て、年老いた祖父母が心を痛めています。なんとか早く姪が立ち直るための方法と、周囲の心の持ち方をお教えください。

（B子）

回答……早樫一男《はやかしかずお》 児童相談所判定指導係長、彌生布教所長

大切な姪ごさんのこと、とても心配なさっていることでしょう。過食症や拒食症とい

った、食にまつわる相談が近年増えています。これらをまとめて「摂食障害《せっしょく》」という場合もあります。年齢的には、思春期を中心に多く見受けられるようです。戦後の食糧不足の時代に思春期を過ごされた方などにとっては、理解しづらい現象かもしれませんね。

さて、まず大切なのは、本人の苦しみをできるだけ理解するように接することです。周囲の人にとっても随分、心にかかることでしょうが、実は、一番苦しんでいるのは本人です。

ある子は「本当は食べたくて食べているのではない。でも、無性に食べずにいられない気持ちになる。やめなければと思っているのだけれど、つい食べ物に手が出てしまう。食べているときは、なぜか落ち着く。しかし、あとから後悔の念が募《つの》ってきて、自分でも情けなくなる」と語ってくれました。本人は食べた後に、自責の念に強くとらわれているのです。だからこそ、非難することは避けたいものです。

では、本当は何に苦しんでいるのでしょうか。

先ほど、過食症は思春期に多いと述べましたが、自分の考えや思い（理想）と、現実

（家庭・学校・友達・将来・自分の性格など）とのギャップに苦しんでいるのかもしれませんね。そのために、行き場のないストレスや不安が、過食として現れているのでしょう。

また、摂食障害とも呼ぶように、実は〝接触〟（人との交流など）がうまくいっていないのかもしれません。特に、家族間のお互いの交流が円滑にいっていないというケースに何度か出合いました。そのあたりも、本人の苦しみや悩みの種になっている場合があります。

悩みや気持ちを外に表すということが不得手な場合、このように内（＝からだ）に向かう（＝攻撃する）という形で現れます。過食や拒食は、まさに心と体の両面にわたる悩みです。ぜひ、周囲の人には、かしもの・かりものの教えを伝えてください。また、姪ごさんとともに、ひのきしんをされてはいかがでしょうか。物が満ちあふれ、一見、豊かな時代になりましたが、一方で心の栄養は不足しています。かしもの・かりものの教えを伝え、心に栄養を補給されるよう祈っております。

平成6年12月4日号

問4　将来への不安や恐怖がつきまとう

　数年来、自分の精神状態がおかしいのでは、と思い悩んできました。特に、ここ一年は、それがひどくなってきました。まず、人の目を見て普通にしゃべれません。そればかりでなく、最近は頭の中に将来への不安や恐怖が常に渦《うず》巻き、何をしても幻想がわいてくるので、現実かウソか分からなくなってしまいます。物事を悪いほうへ、悲しいほうへと引き込み、最悪の状態です。一刻も早く抜け出したいのです。

（17歳・女子）

回答……宮﨑伸一郎《みやざきしんいちろう》　掛赤分教会長、日本臨床心理士

あなたの悩みである「人の目を見て話せない」とか、「将来への不安や恐怖がある」

ということは、たぶん人間であれば誰でも、いつかどこかで経験したり、また、いままでもそんな部分を心の中に持って生きているんじゃないかなと思います。

人間の心っていうのは、決して一面的で単純なものではなく、善《よ》くも悪《あ》しくもいろいろな種類の心が寄り集まって、その人の性格を形づくっているのです。いま、あなたが苦しいのは、自分の心の中にある暗い影の部分だけを顕微鏡で拡大して、肩が凝《こ》るほどジーッと目を凝らして見ているからだと思います。ちょっとレンズから目を離して、背伸びをして周囲を見回してみてほしい。そして、いま悩み苦しんでいることは自分の心の中の一部分なんだと、開き直って認めてしまうことです。

それから、思い悩んで行き詰まったときは、その原因を追究ばかりせずに、「その目的を見つけること」も大切だと思います。「いま悩み苦しんでいることは、十年後、二十年後の私にとって、どんな役に立つのだろう?」「このことから何を学び、何を自分のものとしていけばいいのだろう?」と、プラス発想への転換をしていくことです。

数年前に、テレビで『愛少女ポリアンナ物語』というアニメが流れていたのを覚えていますか。その中で、主人公が、病気で無気力になってしまったおばあちゃんに〝良かった探し〟を提案して、二人で一緒に身の回りにある〝良かったこと〟を次々と探していくうちに、おばあちゃんの心も体もいきいきと回復する、という話がありました。

どんな状態であれ、自分自身の心の向きを、ちょっとした発想の転換によって明るい方向へと変えていくことが、生きていくうえでとても大切なことなのだと、私はその話から教えられました。

あなたも、身近なところから少しずつ〝良かった探し〟をしてみてはいかがでしょう。たとえば「きょうはさわやかな天気で良かった」「ぐっすり眠れて良かった」「ごはんがおいしくて良かった」「きょうも一日健康で良かった」とかね。そこから、何かが変わってくるかもしれませんよ。

平成2年12月23日号

問5　歯ぎしりを治したい

高校三年生の女の子です。悩みを聞いてください。
私は、夜寝ていると、強度の歯ぎしりをするそうです。自分では眠っているので分かりませんが、修学旅行のとき、友達にすごく嫌《いや》がられました。それからというもの、悲しくて、いままでのように明るくなれません。
歯医者さんに行ってみましたが、歯のせいではないと言われました。どうしたら治るでしょうか、教えてください。

（新潟県）

回答……堀尾治代《ほりおはるよ》　天理大学教授、教育学博士

歯ぎしりは、いつごろからするようになったのでしょう。そして、どの程度のもので

しょう。お手紙の文面だけでは、よく分かりません。

一つ考えられるのは、修学旅行のときだけ、または修学旅行から始まったという場合です。

修学旅行では、ふだんはよそ行きの顔で付き合っている友達と、丸々二十四時間を一緒に過ごします。それだけで大変な緊張と興奮、疲れを伴います。それが、歯ぎしりという形として現れたのかもしれません。一度、家族に聞いてみてください。もしそうなら、それほど心配はいりません。

また、長く続いているようなら、歯科だけでなく口腔《こうくう》外科で診《み》てもらうとよいでしょう。何か分かるかもしれません。それでも異常がなかったら、もう一度、心の問題として考えてみる必要があります。

「歯ぎしり」「歯がみする」という言葉は、悔《くや》しい思い、嫌《いや》だという否定的な感情を意味します。そうした感情を消化できればいいのです。しかし、心の底に抑《おさ》え込んでしまうと、睡眠中の歯ぎしり、いびき、寝言などの形で現れます。

高校三年生のあなたには、歯ぎしりしたくなる思いがたくさんあるのかもしれません。進学や就職、友人関係、家族関係……。思春期は、ただでさえ内的な緊張の高まる時期ですから。

解決するには、「歯ぎしりなど誰にでもある」と思うことです。思春期を過ぎれば、自然に治まるはずです。ストレスがたまり過ぎて、心がつぶれないように、歯ぎしりという形で発散しているのですから。

そのうえで、心を開き、ゆったりとした心で暮らすことです。人を許せない心や、恥をかきたくないといった思いがストレスになります。人を許し、多少のことは気に病まない。そして、両親や教会長さん、カウンセラーなど、心を許せる人に相談してみるのもよいと思います。

文面や筆跡、封筒や便箋《びんせん》などから、おばあちゃんがお孫さんのために出してくださったのかなと拝察します。もしそうならば、どうぞ心配なさらないでください。お孫さんが相談に来たら、ゆっくり聞いてあげて、言わないことは無理に聞かないことです。

想像するに、表面的にはしっかりしていて、弱みや幼さを見せない子かもしれません。でも、背伸びはつらいもの。いつでも甘えられるようなぬくもりをもって、そっと見守ってあげることをお勧めします。

平成3年5月26日号

問6 人の集まる所で吐き気がして困る

外出先で人の多い場所にいると、緊張して吐《は》き気がします。学校の行事や集会などでは必死にこらえ、終わるといつも無事に通らせていただいたお礼を申し上げています。この春から大学に進みますが、新たな緊張が待ち受けているかと思うと不安です。最近、情緒がいっそう不安定になり、もう限界です。原因は自信のなさだと思うのですが、克服するにはどうすればよいのでしょうか。

（高校三年生・女子）

回答……古市俊郎《ふるいちとしろう》　福之泉分教会長、教育相談員

思いますに、あなたは「社会恐怖」とか「社会不安障害」といわれる症状のようです。

一対一や親しい人なら大丈夫なのに、集団や見知らぬ人には強い緊張を感じて、身体症状が現れます。さらに、そうした緊張の場に行こうと行動を起こす前から、強い予期不安を感じて、それを避けてしまい、思い通りに生活できません。

「人前で失敗するのではないか、恥をかくのではないか」という恐れ、「人から変に見られないか」と周囲の否定的な評価に敏感になり、不安を強くします。「みんなはうまくやっているのに、なぜ自分だけが……」と苦しみ、「思い過ごしだ」と言われても、どうにもできずに悩むのです。

この社会恐怖や対人恐怖は、欧米人には少なく、日本人に多いといわれています。自己主張より相手へのこまやかな気遣い、論理的より心情的な了解、契約より信用などを重視する文化によって、いつも周囲に気を配り、「人に迷惑をかけたくない」「嫌《いや》なことを頼むくらいなら自分でやったほうが気が楽」と思うのです。

さて、克服の方法ですが、まず学習が必要でしょう。社会恐怖とはどのような問題であるのかを、適切に理解することです。自分の中にどのような変化が起きているのか、どのようにすると解決できるのか、見通しを学びましょう。仕組みが分かっても、なかなか難しいので、薬で不安を抑《おさ》えたり、少人数の場から徐々に慣れていく訓練もあります。また、あなた自身の不適切で否定的な考え方を変えていきましょう。

これまでのあなたは、自分で判断するのではなくて、相手の心の鏡に映った自分の姿を、相手の表情や行動から読み取ろうとしてはいませんでしたか。あなたは、あなたでいいのです。親神様は、あなたにピッタリの時と場所と出会う人々を選んで生命を与えられました。あなたにしかない役割と使命があるのです。まだ内に埋もれていますが、あなたの力で掘り起こしてください。大学はそのチャンスです。

「ひとがなにごといはうとも　かみがみているきをしずめ」（みかぐらうた　四下り目一ッ）ですよ。

平成14年3月17日号

問7 円形脱毛症がつらい

ずいぶん前から円形脱毛症に悩んでいます。美容室に行くと「どうしたの？」と聞かれますが、恥ずかしくて親にも言えずにいます。素直に親に打ち明けて、おさづけを取り次いでもらえばよいのでしょうか。毎日、神様にお願いしているのですが、まだご守護は頂けません。人に相談する勇気も、病院へ行く勇気もありません。円形脱毛症は、どんな心遣いから起こるのでしょうか。

（19歳・女子大生・北海道）

回答……宇恵義昭《うえよしあき》 共成分教会長、奈良少年刑務所・少年院教誨師

まず、ひと言で申せば、先案じをせず、素直に親に打ち明け、おさづけの取り次ぎを

頂くことです。恥ずかしい心の裏には「我《が》」の強い高慢な心がひそんでいるように思えます。見えてきたこと、聞こえてきたこと、成ってきた姿を、神様の思召《おぼしめし》だと悟るようにつとめることが肝心でしょう。神様にもたれきるという心ができれば、心配や不安はなくなり、自然のうちにご守護を頂けるものと信じます。

この種の病気で悩んでいる人の特徴として、まず皮膚《ひふ》の弱い人と、精神的に不安定な人が多いといわれています。医学的には皮膚下の血流が悪くなって起こるとされ、皮膚局部の血流を良くするための塗《ぬ》り薬やローションなどの処方、また同効果の内服薬やビタミン剤の投与、さらに紫外線照射療法などが行われているようです。

しかし、その原因はいまだ解明されておらず、特に精神的な作用が原因ではないかとされ、入眠前に精神安定剤を服用させることもあるようです。つまり、ストレスや極度の心配事が、この病状を生む場合が多いということです。

ストレスのたまる人は、一般に順応性に欠け、自己中心的な思考が強いといわれています。自然の流れに逆《さか》らう心は、不平不満の多い先案じの強い性格と申せましょう。先案じによる心配もさることながら、これだけ尽くしているのに理解されない、といった悩みに心を痛める人によく見られる症状です。

会社が倒産寸前を迎えたある夫婦が、恥ずかしくて町も歩けないと悩み始めたその日から、あっという間に夫は白髪になり、奥さんも十円玉ぐらいの円形脱毛症になりました。それは一カ月余りで直径四センチぐらいの大きさになってしまい、塗り薬や投薬を続けても効果はありませんでした。不思議なことに、会社が倒産して心配事が解決すると、薬も使用しないのに、二週間ぐらいで毛が生えてきたのです。奥さんは「金がなくなれば、頭のお金の形も消えてしまいましたわ」と冗談を言っていましたが、これは、先案じやプライドを捨てて広い心になれた賜《たまもの》ではないでしょうか。

「髪は女性の命」といわれた時代は過ぎました。しかし、自分で買った毛より、神様から借りている毛のほうがどれだけありがたいか、私などは毎日実感しています。全部なくしたわけでもなし、小さな脱毛に神経を使わず、人とのつなぎ、神様とのつなぎに心を使ってください。必ずや神は、髪を与えてくれるはずです。

平成2年3月4日号

問8 赤面症を克服したい

人前に出ると、緊張して声が上《うわ》ずり、何を話しているのか分からなくなります。職場では、同性となら普通に話せます。でも、異性の場合は、近くに来ただけで赤面してしまいます。

気軽に話したい、笑顔で接したいと思っても、条件反射のように顔が真っ赤になり、周りの人にも迷惑をかけているみたいです。

私は三姉妹の長女。周りが女性ばかりだったせいでしょうか、高校に入ったころから、男の人には近寄れない感じで、話もできなくなりました。

いま、勤め先にあこがれている人がいます。その人が近くを通っただけで赤面してしまいます。なんとかならないでしょうか。

（23歳・会社員・女性）

回答……堀尾治代《ほりおはるよ》 天理大学教授、教育学博士

お手紙の文字も、文章もきちんとまとまっています。自分をよく見ている、しっかりした方のように思います。「赤面症」と書いておられますが、まずその通りでしょう。

赤面症は、対人恐怖症の一つです。対人恐怖症には、いくつかあります。始終、誰かに見られている感じがする「視線恐怖」。少し重くなると、自分の顔が醜《みにく》いから、人がジロジロ見るのだと思い込む「醜貌《しゅうぼう》恐怖」。また、自分の体が臭《くさ》いと思い込んでしまう「自己臭恐怖」というものもあります。

こう書くと心配するかもしれませんが、赤面症は、これらの中では一番軽いものです。

中学生ぐらいになると、誰もが人目を気にするようになります。「どう見られているか」「良く見られたい」などと強く意識するのは、思春期、青年期に特有の心理です。なかでも、女子に強く現れます。ある統計によると、女子高校生の半数が、赤面症だと答えています。

こうした人々も、多くは二十歳代になると、自然に治ってしまいます。三十歳代では、皆無といってよいでしょう。あまり気にしないことです。

とはいえ、三十歳代まで待てませんよね。そこで、特効薬を一つ処方しましょう。

赤面は、恥の概念から起こります。どう見られているのだろうかとか、恥をかきたくない、恥ずかしい部分を知られたくない――そんな思いが赤面させています。「赤面してはいけない」と思えば思うほど、もっと赤面します。

会社勤めをしても、なお人前で赤くなるようですから、ある意味では素直で、内気で、純情な人なのでしょう。三姉妹の長女だそうですが、妹たちのことを気にかけ、両親にも手数をかけない、まじめな人だと拝察します。

赤面症の対策は、肩の力を抜いて、開き直ってしまうことです。あるがままの自分を、あるがままに認めてしまうこと。「私は恥ずかしがり屋で、赤面するんですよ」と相手に言ってもよいでしょう。

この考え方を進めると、「赤くなったらなったで、いいではないか」ということになります。いまの時代、ポッと頬《ほお》が赤くなる女性など、男性から見たら希少価値かもしれません。欠点だと思っている性格が、実は一番魅力的な部分だということは、よくあることです。

そう思えたら、少しずつ挑戦してみること。お母さんや教会の奥さんなど、話しやすい人、甘えられる人に、自分のありのままを話してみることです。弱さや恥ずかしさも含めて。気持ちが随分、軽くなるでしょう。

その次は、教会の青年会や集いなどの場を利用して、話しやすい男性から話しかけてみてください。でも、無理はしないで。自分の周りを見回したら、普通に話している人もいるはずですよ。

あるがままの自分を、あるがままに素直に受けとめる。そんな心ができたとき、赤面症はきっと治っていますよ。

平成3年11月10日号

問9 6年間部屋に引きこもったままの弟

今年二十五歳になる弟は、高校を卒業してから六年間、部屋に引きこもったままです。一日中、寝て暮らし、時々起きては、親からお金を取っています。原因は、両親が弟を一度も叱《しか》らず、甘やかして育てたことにあるようです。それで、善悪の区別もつかない人間になってしまいました。友人もいませんし、両親と私が話しかけても、全く効果がありません。父もあと五年で定年になり、金銭面で弟の面倒をみることもできなくなるでしょう。なんとか立ち直らせる方法はないものでしょうか。ちなみに、両親と私は修養科を了《お》えたよふぼくです。

（J男・三重県）

回答……宮﨑伸一郎《みやざきしんいちろう》 掛赤分教会長、日本臨床心理士

以前、私がかかわった不登校の高校生で、三年間部屋に引きこもって音楽やファミコンばかりしていた子がいました。立ち直った彼が後日、私に話してくれたのは、「長い間、冬眠していたみたい。何もしなかったようだけど、逆にたくさんの仕事をしたみたいで、学校に行くより疲れていた」ということでした。

不思議なことに、その三年間で彼以上に変化したのは、両親や兄弟のほうでした。彼はじっと動かずにいることで、自分の周りの人たちの心を動かし、どっしりとまとまりのある家族をつくるという大きな役割を果たしていたのです。

あなたの家族もこの六年間、なんとか弟さんを変えようと大変な苦労をされたことでしょう。しかし、いまの状態の弟さんに、どんなに説教や激励をしても無駄《むだ》だと思います。それよりも、修養科も了えているという両親やあなたが、「親神様は弟の姿を通して、自分たちに問題を出されている」と、もう一度しっかり自覚することが第一です。

問題には答えが必要です。親神様が六年間も同じ問題を出されるということは、弟さんに対して、いままでの考え方・応じ方では駄目だということではないでしょうか。「自分たちは弟のために一生懸命努力してきた」と言われるでしょうが、その思いは結果が出ないと、すぐに「弟のせいでこんなに苦労しなければならない」という思いにも変わりやすいのです。そうなると、弟さんの悪いところばかり見えてきます。

いま、弟さんは家族の一員として受け入れられていない。もっとはっきり言えば、拒絶されつつあると思います。これまであなたの家は、家族同士の会話や周囲の人たちとの話し合いなどが少なかったのではないでしょうか。そんな中で、自分の意見や思いを言葉にして人に伝える必要が少なかった弟さんは、「引きこもり」という行動でしか、自分自身を表現できないのかもしれません。

弟さんの〝心の年齢〟をじっと見つめてみてください。弟さんを〝変える〟のではなく、親として兄として、もう一度〝育てる〟ことに重点を置いてはいかがですか。「もう二十五歳なのに」「あと五年で父は定年なのに」と、タイムリミットばかりつけていくと、かえって焦《あせ》りが先行してしまいます。

〝冬眠中〟の弟さんが部屋から出てくるのは、周囲が春のような雰囲気をつくり始めたときです。そのためには、弟さんを取り巻く家族が、温かく優しい心と言葉を準備することから始められるといいと思います。

最後に、一つだけ気になるのは、六年間も引きこもっていた弟さんが、急に動き出すことがあると少し心配です。会長さんはもちろん、信頼できるお医者さんとも並行して相談していくことが有効かもしれません。

ご家族でもう一度基本に戻り、話し合いをして、共通の心定めをすることで、素晴らしいご守護を頂かれますよう、心からお祈りしております。

平成3年3月17日号

問10 息子が統合失調症に

二十八歳になる息子のことです（娘二人はすでに嫁ぎました）。大学一年生のころ、突然〝心の病〟になり、「統合失調症」（精神分裂病）と診断されました。入退院を繰り返し、大学も中退。いまだに家でぶらぶらしており、たまにアルバイトをしても長続きしません。私も定年退職後の年金生活者。高血圧で体調もすぐれず、息子の将来が心配でなりません。息子にどのように接し、治癒《ちゆ》への道を歩めばよいのでしょうか。

（M男・三重県）

回答……早樫一男《はやかしかずお》 児童相談所心理判定員、彌生布教所長

息子さんのことで、これまで随分ご苦労されたことと推察いたします。ひと言では語

り尽くせない気苦労があり、大変だったことでしょう。

さて、心の病と闘っておられる方に対して、必要以上に不安やストレスを与えたり、混乱させないことが大切です。もちろん、甘やかすわけではありません。反対に、何もかも病気のせいにすることも好ましくありません。できるだけ、規則正しく生活することがいいでしょう。

ところで、息子さんとの会話やかかわり方は、どのようにされていますか？　たとえば「長男だから」とか、「いつまでもぶらぶらしていないで頑張れ」というように、過剰に期待していませんか？

また「もう大人なのだから、自分で考えて行動しなさい」と言っておきながら、行動した後で、「勝手に行動して」と叱《しか》ったり注意したりと、裏腹《うらはら》なことはありませんか？常に、お父さんの心と言葉が一貫するよう心がけてください。

人間の勝手な心の使い方として、心で思っていることと矛盾《むじゅん》したことを表現してしまう場合があります。もし、心と言葉が裏腹なまま息子さんに接すれば、混乱を増すだけで「百害あって一利なし」です。できるだけ簡潔・明瞭《めいりょう》に、そして心と言葉や態度を一致させて接してください。

もちろん、夫婦の心が一つになっていることの大切さは言うまでもありません。

決して焦《あせ》らないことです。特に、周囲の者のペースや思いで振り回されてしまうと、かえって逆効果になってしまいます。息子さんのペースに合わせて、付き添って歩くような気持ちになることが大切です。

また、何事もゆっくり、ということも忘れないでください。急激な変化はどこかに無理を来《きた》してしまいます。一見、無駄《むだ》に見えているようなことも、息子さんにとっては必要な休憩や休息になっている場合があります。

アルバイトの件に関しても、お父さんの目には長続きしないと映っているようですね。これを「〇日しかできない」と否定的に受け取るか、「〇日も続けられた」と肯定的に受け取るかで、心の向きは随分変わります。

すっきりご守護いただかれるまでに、まだ時間がかかるかもしれません。しかし、人間心の〝時間〟の観念で判断するのではなく、無欲・無心になることです。「心の成人」を待たれている神様にとっては、成人のために必要な〝時間〟かもしれません。
人間心で物事を判断するのではなく、神様やおぢばに〝合わせる心〟でお通りください。

平成4年6月14日号

問11　子宝に恵まれない

私たちは結婚三年目で、とても仲の良い夫婦だと思っております。でも、まだ子宝に恵まれません。病院には一年半通っています。〝ほしい〟というのは、心の〝ほこり〟だと分かっていても、自分でうまくコントロールできないのです。母となり、子育てすることは、子供のころからの夢でした。その夢に近づくためには、どうすればいいのでしょうか。

（J子・茨城県）

回答……林《はやし》 道治《みちはる》　「憩の家」産婦人科医員

まず、不妊症についての医学的なことを簡単に説明しておきます。現在の日本では、女性の高齢結婚・出産の結果でしょうか、十人に一人が不妊症で、その割合は少しずつ増加中です。

不妊治療はまず、妊娠できない原因を発見することから始まります。原因を発見できれば、それを解決することが治療の原則になります。

一方、妊娠はするけれど、流産を繰り返す「習慣性流産」も、広い意味での不妊症に含まれます。

不妊の二分の一は、卵子の不良、精子と卵子の出合いの場所である卵管の異常、受精卵を育てる子宮の異常など、女性側に原因があります。残り二分の一は、男性の精子の不良が原因です。まれに、夫婦間の不適合ともいうべき免疫《めんえき》異常の状態も認められます。原因が不明な場合を「機能性不妊症」といい、決して少なくありません。

さて、私たちお道の教えを信じる者は、この世の現状や出来事は、親神様の思召《おぼしめし》によるものと考えます。子宝に恵まれない夫婦が存在することは、おそらく神の思召でしょうが、不妊症に対する種々の検査法や治療法が発達してきたことにも、神の思召があることでしょう。不妊症の治療をお受けになることも、選択肢《せんたくし》の一つだと思います。子供をほしい女心は、美しい母性であり、決して卑下《ひげ》するようなものではありません。

不妊症は、自分の生命や健康を脅《おびや》かすような病気ではありません。だから、決して焦《あせ》る必要はありません。何も治療を受けないで、自然に任せてもよいし、気分転換に病院を替えてもよいと思います。はっきりした原因があれば、自分に必要な不妊治療を受けることはもちろん重要です。

しかし、妊娠・出産という目先のことだけを考えるのではなくて、もっと自分自身を見つめてみませんか。子供に恵まれ、育てるということは〝母親になる〟ということなのです。そして、母親になるということは、取りも直さず、親神様の思召が分かるように成人することではないでしょうか。自らが心の成人を目指して努力することで、母親になる資質ができてくるのです。そのとき、問題はおのずと解決に向かうのではないでしょうか。

平成4年8月2日号

問12 不眠症に悩み、神経症の再発が不安

一男一女の母親です。結婚前に二度神経症にかかり、いまは不眠症に悩んでいます。また以前のような状態に陥《おちい》るのではないかと、いつも不安でいっぱいです。医者は「神経の疲れ」と言って安定剤を下さるのですが、服用をためらっています。家事は普通にできているつもりですが、子供好きでないせいもあるのでしょうか、育児にも自信がありません。子供を叱《しか》った後に涙しているような毎日です。どうか良いアドバイスをお願いします。

（主婦・31歳・大阪市）

回答……宮﨑道雄《みやざきみちお》 梅満分教会長、久留米大学基礎医学教授

神経症（ノイローゼ）は心理的な出来事が原因となって起こり、不安などの神経症状

が出現しますが、その人の性格も大いに関係している病気です。不安神経症、不潔恐怖症、尖端《せんたん》恐怖症、心気神経症、抑《よく》うつ神経症、強迫神経症などがあります。しかし、共通して言えることは、心因といわれるように、何らかのストレスと、その人の性格が関与して起こるということです。

ストレスには「快ストレス」と「不快ストレス」の二種類があり、不快なほどストレスは強いといわれています。しかし、私たちが生きていくうえで、適切な刺激（ストレス）はむしろ必要で、生きている限りストレスがゼロになることはありません。それゆえ、ストレスに対処するあなたの日常の心構えが何より大切で、ストレスに立ち向かい、それを乗り越えなければなりません。楽ばかりの人生を求めてはなりません。

対処法としては、①正しいリズムで生活する（低い心で日々喜んで通る）②ストレスに立ち向かう（わが身思案をなくし、つとめ一条で通る）③生活場面を切り替える（ひのきしんの心を治める）ことが大切です。

あなたと同年代の人のストレスの要因としては、家庭の問題（会話が必要）があり、また精神的に、自分の人生の将来に対する可能性や能力の限界を強く意識することで、自ら歩んできた道への反省やあきらめなど、不安材料が複雑に交差するために起こったものと思われます。しかし、人間は誰でも常に不安を抱えているもので、不安は私たちの周りで見え隠れしています。いま自分は生きているけれども、この先どうなるか分からないなど、人間は不安から逃《のが》れられない存在なのです。

したがって、かしもの・かりものの理を十分心に治め、どのような苦労（病気など）の中も、神を信じ、神にもたれて通らせていただくことで、道は必ず開けてきます。あなたのように、自分の気持ちのコントロールもつかないようでは、一人前の大人とは言えません。その不安を意識の外に追い出し、一人前の大人に成人してください。

また、先ほど性格が関与すると申しましたが、自分の性格を改善する道は、「たすける理がたすかる」というお言葉通り、にをいがけ・おたすけに励んでいれば、必ずご守護いただけると信じます。頑張ってください。

平成2年5月13日号

問13　胃の調子が悪く、どう悟ればよいか

今年の初めから胃の調子が悪く、食べた後、もたれます。一時は不快感で、夜も眠れないほどでした。ひょっとして胃がんではないかと不安です。食事を残すことが多く、つい捨ててしまうことも度々。空腹感もなく、物を食べられることがどんなにありがたいことだったのか、あらためて実感している次第です。私に心得違いがあれば、どんなことでも直そうと思います。親神様が「これで寿命」とおっしゃるのなら、喜んで出直させていただきます。でも、素晴らしい夫と三人の子供たちのためにも、この世で生まれ変わらせていただきたいのです。

（30代・女性）

回答……天満益信《てんまますのぶ》　首府分教会長

私のお預かりする教会のよふぼくに、入信の日から日参を心掛けている人がいます。でも時々、日参を休みます。仕事上、床に就《つ》くのは日付が変わってからということがしょっちゅう。それでも早朝に起き、教会まで車を走らせるのですから、努力がいります。本人はもちろんですが、奥さんも大変です。なかなか起きない夫をやっと起こし、送り出すのですから。

彼は時々、胃に障《さわ》りを頂きます。ごはんが食べられなくなります。でも、教会の朝づとめの後、皆で朝食を頂くのですが、不思議なもので、教会の質素な食事だとおいしく頂いてくれます。元気になると、また朝づとめをさぼります。本人は自覚していますが、朝づとめに参拝するには、睡眠時間が随分短くなります。無理もないことでしょう。

六月一日、大教会で婦人会総会があり、彼も東京から四国まで夫婦で参加してくれました。東京に帰った次の日から食欲がなくなり、みぞおちの辺りが痛み、本人は「今度は間違いなく胃がんです」と、決まったようなことを言います。胃がんになるのがうれしいのか、不安を隠そうとするのか、自分で病名を決めていたようでした。

六月十一日、私が付き添って病院に行き、胃カメラをのみました。結果は、前からの胃潰瘍《かいよう》でした。医者は「薬を飲んでいれば、とっくに治っているのに」。本人によると、胃潰瘍の薬は副作用があると人に聞き、飲むのが嫌《いや》だったそうです。胃がんではなくて安心したのか、途端に食欲が出て、帰りにカツ丼《どん》を注文して食べました。再び日参が始まり、教会の朝食をおいしそうに食べて帰っていきます。医者に診《み》てもらうのも安心の材料です。

私の妻は三年前、胃がんの手術を受けました。東京へ布教に出て以来、毎日にをいがけに出ていました。素晴らしいよふぼくだと思っておりました。ただ、先案じがちょっと強かったのです。おたすけ先の病人が出直したらどうしよう、と案じます。出直すと落ち込んでしまいます。すべてが、その調子でした。手術を受けて開き直ったのか、案じ心が随分少なくなりました。

「胃の悪い人は明けの明星《みょうじょう》を拝めば治る」と、昔から申します。朝の日参で、あなたは特にご守護いただけると信じます。そして、病院で検査を受けることです。不安がらずに、病院へ行くことをお勧めします。

せっかく幸せな家庭を築かれたあなたです。親神様・教祖《おやさま》にもたれ、夫にもたれ、あなたの一番〝得意な〟先案じをなくす努力をなされてはいかがですか。

平成9年7月6日号

問14 飲み友達に肝臓病の疑いあり

同じ教会に所属する数年来の飲み友達が、数カ月前に医者から「肝臓病の疑いがあるので、お酒を控《ひか》えるように」と言われたそうです。本人は好きな酒をやめる気はなく、相変わらず私を飲みに誘います。しかし、近ごろは健康が気がかりなのか、すっかり気落ちしています。一緒にお酒を飲む以外は、特に親しい付き合いがあるでもなく、肝臓病のことは口止めされています。同じ酒飲みの私にできることはあるのでしょうか。

（37歳・会社員）

回答……丸田敬子《まるたけいこ》 洲本阪分教会長、元「憩の家」看護副部長

種々の統計によると、わが国の成人男子の三人に一人は毎日お酒を飲んでおり、その

中には、お酒がないと生活できないというような人も数多くいます。こういった人は、アルコールによる肝障害を何らかの形で持っています。肝障害の種類には、脂肪肝から肝炎、さらには肝硬変に至るいくつかの段階があって、大量飲酒が続いた場合の行き着く先は、肝硬変といわれています。

肝臓は〝沈黙の臓器〟ともいわれ、病気のときでも特に症状が現れないことが多く、病状が進行すると黄疸《おうだん》や腹水貯留、意識障害、吐血《とけつ》、下血など重篤《じゅうとく》な症状が現れるようになります。

肝臓病の一般症状のうち、直接結びつく症状は「お酒が弱くなった」「二日酔いしやすくなった」という訴えです。アルコールは肝臓で分解されるため、肝臓が悪くなるとアルコールの代謝も悪くなるのです。

医師から肝臓病の疑いを指摘され、酒は控えるようにと忠告されたのなら、ぜひ守っていただきたいと思います。発見のきっかけが体調不良による受診であれ、定期検診によるものであれ、いずれにしても大事に至らぬように気をつけましょう。

本人は、好きなお酒をやめる気はないと飲み続けていても、医師の言葉が頭から離れず、以前のような気持ちでおいしく飲んではいないはずです。

肝臓病のことを口止めしていても、あなたに打ち明けたということは、何らかの形で助けを求めていらっしゃるのではありませんか。

また、飲酒量を減らし、低脂肪・高タンパク質のものを一緒に食べながら飲むように心掛けましょう。食べながら飲むと、アルコールの吸収を遅らせ、胃の粘膜や肝臓を保護します。

特に親しい付き合いではないと言わず、相手の姿は自分の鏡、将来の自分の姿かもしれないと思い、よふぼくとして真剣におたすけの精神に徹してくださるよう願っております。

平成13年12月2日号

問15 長男が酒好きで困る

団体職員として勤める長男のことです。年齢的にも責任を持たされる立場になってきました。頑張り屋で性格もよく、責任感が強い、しっかりした息子です。けれども、酒好きなのが唯一の欠点です。毎日外で飲んだり、勤務先で飲むこともあるようです。最近は、飲み過ぎて仕事を休むこともあります。人からは「酒さえ飲まなければ申し分のない人なのに……」と言われます。私の夫も酒好きで、結婚してから現在まで、お酒のことで何度も不足をしてきました。夫も息子も、お酒に対する意志が弱いのでしょうか。私も含め、どのような心遣いで毎日を過ごせばいいのか、お教えください。

（A子・愛知県）

回答……山本《やまもと》實《みのる》 飾扇分教会長、天理教酒害相談室主任代行

悩み多き日々を送られているご様子、まことにご苦労さまです。

ところで、あなたは「アルコール依存症《いぞんしょう》」という病気をご存じでしょうか。でも、息子さんをアルコール依存症だと決めつけているわけではありませんので、誤解しないでください。しかし、ちょっと気になりますのは、ご相談の文中に「酒好きなのが唯一の欠点」「飲み過ぎて仕事を休む」「酒さえ飲まなければ……」などの表現があることです。

現在、全国にアルコール依存症者が二百万人以上もいるそうです。アルコール依存症は、飲酒を適当にコントロールすることができなくなって、長期にわたり大量のアルコールを摂取《せっしゅ》するようになり、それがもとで身体《からだ》や精神ばかりでなく、人間生活のあらゆる領域をも破壊してしまう〝病気〟です。これは慢性の病気であり、十年、十五年にわたって徐々に進行し、治療せずに放っておくと、必ず死に至るとされています。ちょっと、きつい書き方で申し訳ありませんが、息子さんはアルコール依存症の誰もがたどる

経過の一過程を目下、進行中であると拝察せざるを得ません。

アルコール依存症は〝心の病〟であり、また〝家族の病〟です。決して意志の強弱の問題ではありません。ぜひとも専門的な治療を受けられるよう、お勧めします。そして、治療の手順について「私も含め、どのような心遣いで」と文面にありますが、まず、あなた自身から勉強を始めてください。夫や息子さんに対しては、それからです。

大切なことは、①アルコール依存症という病気について正しく理解すること ②アルコール依存症者への正しい対応の仕方を身につけること ③自分に目を向け、自分を変えていくこと――です。

ちょうどいい時期に相談されました。この病気も〝早期発見〟と〝早期治療〟が何より大切です。ぜひ一度、おぢばの酒害相談室までお越しください。

天然はふしある。天然というはふしから理治まる。これは天然と言う。

（おさしづ　明治33年9月14日）

平成4年2月23日号

問16　心臓弁膜症で手術を勧められた

私は子供のころ、小児ぜんそくをご守護いただき、きょうまで欠かさず教会に運んでいます。三人の子供も大きくなったので、パートに出ていましたが、胸の動悸《どうき》と呼吸困難が続いたため、受診したところ、心臓弁膜症で手術を勧められました。今後の私の歩み方と心の治め方をお教えください。

（41歳・主婦）

回答……数寶《すほう》　明《あきら》　御寶分教会前会長

心臓弁膜症は、心臓にある弁の具合が悪くなる病気です。心臓は血液を受け取って肺に送り込み、肺できれいになった血液を再び体全体へ送り出すというポンプの働きをしています。

これを十全の守護から思案すれば、かしこねのみこと（人間身の内の息吹き分け、世界では風の守護の理）、すなわち言葉遣いのご守護と、ぬくみのご守護をしてくださるをもたりのみことのお働きを共に頂いています。また、かしこねのみことは、切ること一切のご守護をしてくださるたいしよく天のみことと相対していることを思案すれば、その理も分からせていただけるでしょう。

こうした病気の人に大切な点は、常に温かい、思いやりのある心を使うこと。自分の立場だけで物事を考えて進めるのではなく、相手の身になって考えること。勝手気ままな心遣いから積む不足心を、たんのうさせていただくこと。切り口上・捨て言葉は使わないよう、また心で思わないようにすること――などが大切です。そして、この病気の人に多く見受けられることは、相手に口に出して言えない不足が胸の奥に深く充満しているのではないかということです。

あなたはとてもまじめな人で、常にこんなことではいけないと思う心が強く、周囲の人がすること、言うことに対して、あんなことではいけないと不足に思えて仕方がないのではありませんか。すなわち、喜ぶことに鈍感で、不足に敏感だということです。

私は、かつて同じ病気の人から「この病気になって初めて、健康な体ほどありがたいことはないと気づきました。全く神様のご守護によって守られ、生かされていることを分からせていただきました」と、実感のこもった話を聞いたことがあります。まさしくその通りで、人間は自分の力で生きているのではなく、神様の働きによって生かされているのであり、そのことを深く心に治めて、神人和楽の陽気ぐらしへの道を歩ませていただくことが大切なのです。

「おさしづ」の中に、心臓病についての伺いというのはありませんが、胸が痛む、動悸、胸がつかえるという悩みはあります。こうした人は、掛けなくてもよいことに心を掛け、つまらないことに胸を痛めておられることが多く、自分一人であれこれ思うのではなく、いんねんを自覚して、たんのうして通るように、と諭しておられる場合が多いようです。

分かっていても、なかなかできないのは、いんねんだからではないかと思います。けれど、いずれにしても、この病気を通して世界一れつの人間をたすけたいとの親神様の思いを胸に、人をたすけさせていただく信仰へと心を固く定めて、力強く道を歩んでください。一日も早く全快のご守護を頂かれますよう、お祈りしております。

道を道という、恩を恩という心あればこそ、今日《きょう》の日。
（おさしづ　明治31年5月9日）

平成8年9月15日号

問17 〝心の病〟で息苦しい毎日

二十八歳のとき統合失調症（精神分裂病）、自我の喪失《そうしつ》と診断されました。現在も治療を受けています。母からの入信で、私も別席を運び、おさづけの理を拝《はい》戴《たい》し、平成三年に修養科を修了しました。長兄は結婚していますが、次兄と私は独身です。私ども家族は、外面は良くても内面は複雑で、思っていることを素直に言えない性格なので、息苦しい思いをしています。道の教えに倣《なら》おうと教会へ日参していますが、進歩がありません。気力がないのです。医者からは〝心の病〟と言われましたが、どんな心づくりをすればよいのでしょうか。

（42歳・農業）

回答……矢野道三《やのみちぞう》 射水分教会長、社会福祉法人射水万葉苑副理事長

お道の根本教理の一つに「病の元は心から」というのがあります。医学的に、病気の原因がはっきり分かっているもの、まだ全く分からないもの、だいたい分かっていても説が分かれるもの、などさまざまです。

しかし、信仰のうえからは、その原因をさらに深く悟ると、一切の病の元は心にあるといわれるわけです。とりわけ〝心の病〟は、胃腸や手足などの身体《からだ》の病気とは異なり、まさにその元である「心が病んでいる」のですから、非常に難しい部類に入ると思われます。

半面、困難ではあるけれども、〝心〟さえしっかり入れ替えれば、たちどころに治ってしまう病気でもあるわけです。

したがって、ご守護を頂くには、あなたの言われる〝心づくり〟そのもののあり方が決め手となります。どれだけ親神様の思召《おぼしめし》に近づけるかということです。

あなたは修養科を修了され、教会へ日参しておられるとのこと。それなりに教理を心に治め、実践しておられることと察します。

文面から見ただけでも、退院し、病識もあり、職業に就《つ》いているのですから、決して重いほうではないでしょう。現在、すでに相当のご守護を頂いておられる結構な状態なのです。

外面が良く、内面は複雑。思っていることが素直に言えず、息苦しい。さらに、進歩なく無気力とのこと。いずれも同じ心の使い方が原因ではないでしょうか。その心を、どのように入れ替えるかが問題です。

八つのほこりで教えられる、ほこりとなる心遣いの最後にくる「よく」と「こうまん」、特に「こうまん」の心の入れ替え、すなわち低い心になるために全力を尽くすことです。何を見ても、何を聞いても喜べる〝低い心〟になれば、思っていることが言え、外面を繕《つくろ》うこともなくなってきます。

さらに、いまの自分のありのままの姿を素直に認めて、親神様のご守護を信じ、たんのうの心を治め、おつとめを欠かさず、ひのきしんに丹精してください。

日参と同時に、教会の便所掃除や除草など、何事にもよく体を動かして、周囲から喜ばれるひのきしんを根気強く続けることです。こうして、ひのきしんに励むことで〝低い心〟にもなり、結果として勇み心がわいてきます。

誰にでも感謝の心で接し、より良い人間関係をつくり、さらに一歩進んで、〝人をたすける心〟にまで成人されたら、進歩がないなどと思わなくなり、気力も出てきます。そして、明るく勇んだ姿にこそ、良き配偶者をお与えくださることでしょう。

平成7年8月27日号

問18　更年期障害をどう悟ればよいか

私は四十歳代後半の女性です。今年に入って、いろいろな症状が出始め、受診すると「更年期障害《こうねんきしょうがい》」と診断されました。現在は薬を服用しながら、ストレスをためないよう心掛けており、また仕事もやめているため、体の調子もまずまずです。しかし、お道を通る者として、更年期障害をどう悟ればよいか教えていただきたく、ペンを執《と》りました。よろしくお願いいたします。

回答……丸田敬子《まるたけいこ》　洲本阪分教会長、元「憩の家」看護副部長

女性の生理に関しては、初潮から閉経まで個人差が大きく、薬を使用しなければならないほどの症状に苦しむ人から、ほとんど違和感を持たない人まで、実にさまざまです。

最近の日本人女性の閉経年齢は平均五十歳。早い人では四十歳前後で、その後の五十歳代半ばまでの期間を「更年期」といいます。卵巣が生殖の使命を終え、機能の低下とともに女性ホルモンが減少し、自律神経にも影響を及ぼします。

こうして体調に変化が表れ、情緒も不安定になりがちです。大部分の人は、それなりの受けとめ方で対処しているのですが、全体の一〇～一五パーセントの人が症状として訴えるようです。

診察を受ければ診断名（病名）はつきますが、この時期に注意したいことは、がんや高血圧、心臓病などの生活習慣病にかかりやすい年代であるということです。子宮がんなどの悪性腫瘍《しゅよう》の好発年齢でもありますから、その心配さえなければ気分転換を図り、ストレスをためないよう心の持ち方に気をつけましょう。

私は長く病人と接し、その愁訴《しゅうそ》を聞き続けた経験から、「なぜ、こんなに気にするのだろうか?」と思えるほど、不安が不安を呼び、病のもとになっている例を多く見てきました。

女性が中年になると、必ず訪れる更年期。この言葉には独特の響きがあって、急に年齢を感じさせる半面、ほっとする部分が交錯する複雑さがあります。そして強弱の差こそあれ、女性が避けて通れない共通の問題（症状）です。あまり深刻に考えず、〝美しく老いる〟ことを心と体で実践しましょう。教会への日参やひのきしんなど、できることなら何からでもさせていただきましょう。ご近所のお年寄りのお世話をさせていただくことで、学ぶことも数多くあるでしょうし、自分だけにとらわれないで、心の向きを変える機会ともなりましょう。

信仰のうえでは、成人させていただける絶好の機会を与えていただいたことに感謝して、会長様ともよくご相談のうえ、ご指導いただくことを素直に実行して、しっかり親神様に孝行させていただきましょう。

女性すべてが主婦ではありませんが、家庭の中での絆《きずな》を大切に、また仕事を持つ女性なら職場の中での立場を生かして、明るく勇んでおつとめください。

平成11年8月29日号

問19 歯槽膿漏で歯がガタガタに

五十二歳の主婦です。第一子を出産するまで歯には自信があり、虫歯もありませんでした。妊娠中にカルシウムを取らず、気ままな食生活でしたので、その後、ガタガタになってしまいました。先日、歯医者に行くと、歯茎《はぐき》がやせ細り、根元が長く出てしまい、歯槽膿漏《しそうのうろう》とのことでした。どうしてこうなるのか、心の治め方を教えてください。（M子）

回答……西山茂男《にしやましげお》　信大分教会長

歯槽膿漏は歯痛のような激しい痛みがありませんから、気がついたときには、歯並びの基礎が全滅してガッカリとなります。表向きの格好も大切ですが、目立たない陰の基礎づくりを、手抜きをせずに、しっかりとやっておくことが大切だと思います。

深谷忠政《ふかやただまさ》著『教理研究・身上さとし』に、歯について、七人に対する「おさしづ」が出ています。詳しく読ませていただくと、歯の病気に共通した心遣いが浮かんできました。要約すると、「内々が治まっていないのです。世界の道を見ると、心の迷うときもあるが、本当にたすかる道は、人間を創《はじ》められた親神様の教えよりほかにありません。内々の者は心を合わせ、この教えをしっかり心に治めて、安心の日々を通れば、歯の病気は治まり、日がたてば必ず十分の道がある」と教えられています。このことを心から得心できたら、噛《か》みこなしたことになります。

歯で噛みこなすには、下顎《あご》を上顎に合わせます。自分中心のやり方は、その反対で、上顎を下顎に合わすことになりますから、噛むたびに頭を上下に大きく振らなければ噛めないので大変です。やはり物事をうまく噛み砕《くだ》くには、親神様の教えに合わせるよりほかに道はありません。これが神一条の道であって、信仰の根本です。

歯の一番の仕事は、噛み砕くことです。歯一切はたいしよく天のみことの守護です。

「切ること一切の守護」が少ないと、歯茎が痛んだりして、噛み切ることができません。「切るご守護」を頂くには、思い切る心が肝心です。欲の心が多いと、思い切ることができません。決断がつかず、ああしておけば良かったのにとか、こうしたのが悪かったのではとか、夜も寝ずに心配したりして、いつまでもくよくよ苦にしていると、肩が凝《こ》って歯痛が起こります。人生はある程度で割り切ることも大切です。

また、噛み砕くことは、くもよみのみことの「飲み食い出入りの守護」である消化の中でも、一番初めの大切な仕事です。唾液《だえき》を混ぜてしっかり噛みこなすことが消化の第一段階で、子供のころから噛む力をつけておくと、歯も歯茎も生涯、丈夫に使えます。

歯はまた、言葉を出すときに大きく働きます。言葉はかしこねのみことの守護です。不足の言葉、腹立ちまぎれの言葉、捨て言葉など、自分を中心にした言葉は出さぬよう、感謝の言葉、優しい言葉、温かい言葉をいつも出すように心掛けましょう。

平成8年5月26日号

問20 片頭痛がひどい

数年前から片頭痛に悩んでいます。最近、未信の主人と共に営んでいる店の経営が苦しくなりだして、頭痛もひどくなりました。毎日、割れるように痛くて、拍子木の音にも耐えられず、教会に足を運んでいません。以前、医者からは「なんともない」と言われました。いまは忙しくて病院に行く暇がなく、主人も多忙で、私を気遣ってくれません。頭痛を軽くする手立てと、この節《ふし》を通る心をお諭しください。

（53歳・女性）

回答……丸田敬子《まるたけいこ》 洲本阪分教会長、元「憩の家」看護副部長

頭を悩ませることを、よく「頭痛の種」といいますが、実際にわが身に降りかかって

くると耐え難《がた》いものです。

頭痛にもいろいろな特徴があって、いつも何か頭の上にかぶせられているような頭重感や、ズキンズキンとする拍動性の痛み、片側または両側に発作的な激しい痛みを伴う片頭痛といわれるものまで各種各様で、精神的緊張をはじめ目、耳、鼻などの炎症、脳出血や髄膜《ずいまく》炎、時には脳腫瘍《しゅよう》の場合もあります。多忙で病院に行く暇もないと言われますが、思いきって神経内科の専門医の精密検査を受けられることをお勧めします。

頭痛以外に、高血圧や糖尿病が見つかることもあります。ほかにも神経系に症状が出ていないか、X線や脳波の検査などで異常の有無を確かめたり、眼科や耳鼻科などでも原因に関係しているものがないか調べてもらいましょう。

夫も忙しいのだからと、自分一人で苦しまずに、ご主人に甘えてみてはいかがですか。「拍子木の音にも耐えられない」ほどの頭痛のときは、教会への参拝にご主人にも付き添ってもらって、神様のお話を聞いてくださるよう上手《じょうず》に話を進めてください。苦しいときだからこそ、夫の協力を求めることも大切なのではありませんか。

店の経営が苦しくなり、精神的緊張も加わって、ますます頭痛の度合いも強くなっているいると思いますので、人間思案を捨て、夫婦共に心を合わせて、精神的にも身体的にも苦境を乗りきれるよう努力していただきたいと思います。

あなた自身の信仰を深める良い機会を与えられたことに感謝して、つらいけれど、教会への参拝も月次祭だけにとどめず、日参の心を定めることをお勧めします。その姿を見て、信仰のない夫や子供たちにも信仰が伝わりますよう願っています。

平成13年10月21日号

問21 リューマチで修養科を勧められたが

「リューマチ」と診断されて八年になります。だんだん悪くなって、いまでは膝《ひざ》が直角以上は曲がりません。座るにも横になるにも不自由で、正座はおろか、足を伸ばして座ることもできない状態です。修養科に入るよう勧められていますが、天候の具合で歩けない日もあり、修養科に入れていただいても、周りの方に迷惑をかけると思うと気が重く、迷っています。

（58歳・主婦・京都府）

回答……山本武生《やまもとたけお》 須崎分教会長

八年もの間、リューマチの痛みに苦しめられ、悩まされながら積み重ねてこられた一日一日、どんなに大変なことであったかと、同情が何の役にも立たないこととは知りながら、やはり心からご同情申し上げずにはおれません。

お尋ねの修養科に入る件ですが、返事を差し上げる前に、ちょっとお聞きしたいのです。

「あなたには、このリューマチをご守護いただこう、たすけていただこうという心があるのですか?」

質問からは、リューマチは治らないもの、たすからないものと決め込んでおられる気持ちしか伝わってこないからです。

「膝が直角以上は曲がらない」「正座はおろか、足を伸ばして座ることもできない」「天候の具合で歩けない日もある」「周りの方に迷惑をかけると思うと気が重い」……こんなふうにマイナス面、悪い条件ばかりを拾い出すのは、修養科に入れない言い訳を並べているようなものです。それに、お気づきでしょうか。

なんでもこれからひとすぢに　かみにもたれてゆきまする　（三下り目　七ッ）

この「みかぐらうた」で教えられるご守護の世界こそ、リューマチという身上を通して、親神様があなたに求めておられる成人の出発点のように私には思えてならないのです。

お互いに、きょうも生きていますね。目も見える。耳も聞こえる。きれいな文字のお手紙ですから、あなたの手も指も使える。心臓（循環器系）も、肺（呼吸器系）も、胃腸（消化器系）も、ただの一分間の休みもなく、働きづめに働いてくれている……。

こう考えると、思うように曲がらない膝であっても「直角までは曲がってくれる」、痛んで歩けない日はあっても「歩けるときのほうが多い」と、一切が感謝の種になると思うのです。

「人間身の内は、神のかしもの・かりもの」という親神様の十全の守護によって、きょうも生かされている奇跡、今朝《けさ》も目を覚ますことができた奇跡、目が見える奇跡……。この奇跡に満ちた親神様のお働きに対しては、私たち人間がどれほどお礼を申し上げても、これで十分ということはあり得ないのではないでしょうか。

尽きせぬ感謝、限りない歓《よろこ》び。ここから人をたすける真実の心が生まれ、一切の病気や事情問題から救われる道が開けてくると私は信じます。

失礼ですが、あなたの心の中には〝当たり前〟という名の怪獣が棲《す》みついて、生かされていることへの感謝も歓びも食い荒らしているのではないでしょうか。

さあ、一切を、ここから再出発してください。「リューマチになってよかった!」と、心から幸せを噛《か》みしめる、生まれかわったあなたの修養科生姿に拍手を送ります。

平成2年9月30日号

問22 夫が脳出血で入院、リハビリ中

六十歳の夫が「頭痛やめまいが続く」と言っていたので、注意していましたが、先日、突然倒れ、緊急入院しました。脳出血で右手の自由が利《き》かず、現在も入院しながらリハビリを続けています。夫は若いころに肝臓障害から入信。以来、会社勤めの傍《かたわ》ら、信仰の道にも励んできたおかげで、会社の長にまでなりました。けれども突然の病気に、家族で途方に暮れています。

（B子）

回答……数寶《すほう》 明《あきら》 御寶分教会前会長

この病気は脳の血管が破れて出血するもので、原因は高血圧によるものが多く、四十歳から六十歳ぐらいの人に多く起こると聞いたことがあります。

年々の道、幾重のふしがある。ふしからふしが栄える一つの理。

（おさしづ　明治22年2月21日）

人生にはいろいろな節《ふし》がありますが、この節の中にも、私は二つの面があるのではないかと思います。一つは、自分のまいた種の芽生えとして見せていただくもの。もう一つは、成人の道を通らせてやりたいという大きな親心のうえからお見せいただくものです。いずれにしても、節の中も心倒さず、すべては親神様が陽気ぐらしを望まれるうえからお見せくだされているものと、たんのうして喜んで通らせていただくことが大事ではないでしょうか。

あなたの夫は入信以来、長い年限、どんな道すがらの中もよくつとめてこられましたね。まことにご苦労さまです。まず、きょうまでの夫とあなたの心遣いを、いま一度、深く思案させていただきたいと思います。

俺《おれ》が〳〵というは、薄紙貼《は》ってあるようなもの。先は見えて見えん。

（同　明治24年5月10日）

とお教えいただきます。あなた方夫婦は、善《よ》かれと思って言ってくれる人の話を聞き入れないで、自分の思いを貫き通す心、いわゆる我《が》の強い心を使ってこられたのではありませんか。そして、腹立ちが激しくありませんか、気が短くはありませんか。

腹の立てるのは心の澄み切りたとは言わん。心澄み切りたらば、人が何事言うても腹が立たぬ。それが心の澄んだんや。（同 明治20年3月22日）

とお教えいただくように、腹が立つということは、自分の思い通りにさせようとする心の働きがあるからです。腹を立てないで、心を大きく持って、理を立てて通ることが大切です。

どうすれば心が大きくなるかと言いますと、徳を積む道をしっかり歩むことです。徳を積んでいきますと、人の悪い点は目につかず、腹が立たないようになってきます。

今後は「これだけ運んでいるのに」「これだけ尽くしているのに」「これだけにをいがけに頑張っているのに」という思いを捨て、たんのうの心を治めるようにしてください。高慢の心から低い心になること、人間思案に流されることなく、腹を立てないで親の思いを立てて通ることを心定めしてください。そして、どんな中も心倒さず、芽生えの道を楽しみに、〝神の声〟を頼りに心勇んでお通りください。

だん〳〵とこどものしゆせまちかねる　神のをもわくこればかりなり

（おふでさき　四号65）

平成9年7月20日号

問23 10年来の喘息、老いても回復するか

五十歳のころに風邪《かぜ》をこじらせて喘息《ぜんそく》になりました。六年ほど前に大発作を起こし、以来、年に三、四回ほど入院治療を受けています。「憩の家」の治療は進んでいると聞き及んでいます。喘息治療の現況と見通し、老人の喘息は治るものかどうか、また良い治療法があればお教えください。

（匿名・60歳・和歌山県）

回答……種田和清《おいだかずきよ》　「憩の家」呼吸器内科副部長

喘息は、気管支が狭《せば》まることによる発作性の呼吸困難を特徴とする病気です。発作時には、文字通り「喘《あえ》ぐような息（呼吸）」を生じ、その苦しみは言い表しようのないものです。

喘息は、根源的には体質に起因する病気です。それゆえ、ほかの体質由来の病気と同様に完治は難しく、うまくコントロールしていくことが肝要です。

まず、治療の現況について説明いたしましょう。

喘息の発作は、過敏体質の人が特有のアレルゲンを吸収することにより生じます。ところが再三発作を起こしたり、長年繰り返していると、アレルゲンと無関係に発作を生じるようになります。こうなると、季節とも無関係で、一年中発作を起こします。また、感冒《かんぼう》や疲労、精神的緊張（ストレス）などによっても発作が出やすくなります。殊《こと》に、成人以後に発症する喘息にはこの傾向があります。

喘息の治療は、まず発作を抑《おさ》えることにありますが、主に交感神経作用剤とテオフィリン製剤とを組み合わせて行います。発作治療の切り札は、副腎皮質《ふくじんひしつ》ホルモン（ステロイド）です。ステロイドの使用で、重い発作もおおむね改善することができます。

しかし、この特効薬は〝両刃《もろは》の剣〟といわれるように、さまざまな副作用と強い習慣性を持っています。やむを得ずステロイド治療をする際も、この点に十分留意していないと、ステロイド依存症《いぞんしょう》をつくってしまいます。

発作改善薬で近年、きわめて進歩したことは、テオフィリン製剤以外の多くの薬が、吸入薬として使用できるようになったことです。吸入薬は、以前は発作時のみ使用するものと考えられていましたが、最近のものは内服と同等の効果があり、また内服より安全です。吸入薬のみで治療することも、しばしばあります。

喘息のもう一つの治療は、体質を改善することですが、これは並大抵ではありません。若年者《じゃくねん》では減感作《げんかんさ》療法が有効なこともありますが、成人ではそれもうまくいきません。先に述べたように、喘息の体質をなくしてしまう（治す）ことは非常に困難です。それなら、うまく付き合っていく、ともに連れていくという気持ちが大切でしょう。

調子が良ければ薬は要《い》りません。軽い吸入で済むなら、そうしましょう。薬が必要なら吸入と内服を組み合わせて、一番合った療法をつかみましょう。やむを得ずステロイドを使うときは、上手《じょうず》に使いましょう。これが治療面から見たコントロールの要点です。

会社の仕事、家の仕事が忙しくてストレスが増えると発作も増えます。仕事から逃げたいという思いが発作につながるのです。反対に、頑張らねばという緊張からも発作を生じます。自分の体ながら、思い通りにはいきません。

以前、ある教会の方から「喘息の方には、常々から人だすけを心掛けるように話している」とお聞きしました。自分の病気のことばかりでなく、同じ苦しみ、それ以上に苦しむ人を思いやる心遣い、薬が以前より減ったことを喜ぶ心のゆとり、これもまたコントロールの要点ではないでしょうか。

平成2年6月3日号

問24 外出先で小便が出にくい

私は現在、六十四歳ですが、十七歳のころから外出先で小便が出にくくなりました。自宅では普通に出るのですが、仕事場や旅行先では大変困っています。信仰歴は三十年以上で、教会長資格検定講習会も了《お》え、にをいがけ・おたすけ、おつくしにも励ませていただいておりますが、なかなかご守護いただけません。いんねんや出し惜しみについて諭してくれる人もあり、私自身思い当たることもあります。専門医には、膀胱《ぼうこう》の出口が生まれつき小さく、前立腺《ぜんりつせん》も炎症を起こしていると診断され、薬を飲みましたが、気持ちが悪くなってやめました。医学的・信仰的に、どう悟ればいいのでしょうか。

（M男・三重県）

回答……鶴田一郎《つるたいちろう》 日本老人福祉財団「大阪ゆうゆうの里」診療所長

十七歳のころからとすれば、四十七年間も外出先で小便が出にくいとのこと。さぞかし、つらかったことと推察いたします。しかし、その悩みから解放される日も、そう遠くないでしょう。ご安心ください。

まず、医学的にお話しさせていただきます。一年ほど前に専門医の診察を受け、膀胱の出口が生まれつき小さいことと、前立腺に少し炎症があることを指摘されています。しかし、大切なことは、自宅や人のあまりいない所では普通に排尿できるとのことですので、排尿困難（尿が出にくい）の原因は、炎症とか腫瘍《しゅよう》というような病気（器質的疾《しっ》患《かん》）ではなく、自律神経の乱れとか、リズムが狂ったとかの病気（機能的疾患）であると思います。

すなわち、緊張して自律神経が乱れても、膀胱の出口が普通の大きさなら排尿困難は来《きた》さないが、たまたま出口が小さいために排尿困難になるということです。ですから、泌尿器科《ひにょうきか》受診も大切ですが、一度、心療内科（主として心理療法を用いて自律神経の乱れによって起こる病気を治す内科）の医師の診察を受けられることをお勧めします。

あなたが生まれてから今日までの周囲の人間関係、その間の心理状態、また置かれていた社会的状況などを詳しく調べたり、交流分析によって、あなたの性格のゆがみがどこにあるかを判定します。

さらに、行動療法で徐々に周囲の人の数を増やしても排尿困難を来すのなら、自律訓練法で緊張を解く訓練をするなど、いろいろな心理療法で治療してくださることと思います。これで必ず病気は治ると確信いたします。以上、私は「心因性排尿困難症」が主な病気と診断いたします。

さて、信仰のほうから言えばどうか。あなたは前生や今生に深いいんねんがあると、人からも言われ、ご自分でも気にされていますが、前生のいんねんがどう、いまのいんねんがどうと深く思い悩まないでください。いんねん、いんねんと自分を責めないでください。このことが、あなたの病気を治らなくしている原因、すなわちストレスになっているとも考えます。

親神様は、子供である人間に難儀させようとして病気をお見せくださるのではなく、たすけたい、成人させたいとの思いから〝てびき〟をされるのです。いんねんに対するこだわりを捨てて、もう少しリラックスして、仕事や信仰のうえに精を出されることを希望してやみません。

治る日は近いと確信します。お近くの心療内科の医師と、ご相談なさることをお勧めいたします。

平成3年6月3日号

問25　もう一度、真っすぐな姿勢で歩きたい

五年前から変形性脊椎《せきつい》症で、背骨の四番目が曲がっています。大きい病院で治療してもらっていて、体操したり、たたいたりしても痛くないのですが、歩くと神経が圧迫されて痛みます。

家の中では、腰を曲げながらでも家事はできます。しかし、真っすぐな姿勢で歩くことができません。なんとか正しい姿勢で歩行できればと願っています。

どうすれば真っすぐな姿勢で歩けるようになるのか、心遣いや治療方法などをお教えください。

（和歌山県・主婦・65歳）

回答……鶴田《つるた》一郎《いちろう》　日本老人福祉財団「大阪ゆうゆうの里」診療所長

五年前から変形性脊椎症のため、真っすぐな姿勢で歩くことができないとのこと。つらい気持ちはお察しいたします。

さて、治療方法ですが、まず痛みについては、この程度の痛み（本当の痛みの程度は本人しか分かりません）では、脊椎の牽引《けんいん》療法、温熱療法、消炎鎮痛剤、局所麻酔等の使用が考えられます。真っすぐな姿勢で歩くためには、整形外科医の指導のもとに、理学療法士による歩行訓練を受けることも大切でしょう。

大きい病院で治療されているとの文面ですので、このような一般的な治療方法は、おそらく受けておられると考えられます。私には、ほかに良い治療方法は思い当たりません。焦《あせ》らず、いま受けておられる治療を続けられることが大切だと思われます。

そして、治らない、思うように良くならないと、いたずらに悲観されるより、これ以上悪くならないように、あるいは悪くなっていく速度を遅らせることを目標にすべきかもしれません。変形性脊椎症は老化現象の一つですが、元来、老化現象は四十歳ごろから始まり、八十歳ごろで完結するともいわれています。つまり六十歳代では、まだ半分くらいしか老化が進んでいないことになります。これからが正念場です。

一方、心遣いについては、命にかかわる病気ではないこと、まだ手術の必要な状態ではないことなどを考えて、まだ軽症なのだと思うことも必要です。そして、この変形性脊椎症による背骨の変形を通して、ヒトは成長するに従い、はらばいの状態から二本足で立ち、今度は徐々に背中が丸くなって、最後にあおむけの状態となって出直していく、この冷厳きわまりないヒトの一生について考えるきっかけが与えられたと受けとめてはいかがでしょうか。すべてのヒトに必ず訪れる老化の完成＝「死」＝生の完成について少しでも考えていただき、失われたもの、過ぎ去ったことに思いをはせるより、いかに今後残された「生」を充実させていくかについて、真剣に考えるようにすればありがたいと思います。

まだまだ、ほかの老化現象も次々と起こってきます。考え始めると気が重くなります。

しかし、一つずつ乗り越えていかなければなりません。もちろん、手を携えて乗り越えていきましょう。そして、最後に「ありがとう」と言える心境になれることを理想としましょう。

さあ、背骨だけでなく、心までうつむきかげんの姿勢にならずに、心の成人に向かって一歩ずつ着実に歩んでいきましょう。

平成2年4月22日号

問26 気丈な母が〝病気ノイローゼ〟に

六十歳になる母のことで相談します。母は〝病気ノイローゼ〟ではないかと思います。病気には非常に神経質で、些細《ささい》なことでも気にして、すぐに医者へ走ります。いろんな検査をして、結局はどこも悪くないのに気が済まず、ますます悪いほうへと考えます。私は四年前に修養科を了《お》えました。余計なことを考える時間が少しでも短いほうがよいと思い、母におてふりを教えることにしましたが、そう簡単には覚えられなくて、またイライラします。気が強く、絶対に自分を反省しないような気丈な人だっただけに、いまの姿が哀れでなりません。どうすれば母の病気は治るでしょうか。私はどのように母に接すればよいでしょうか。

（兵庫県・Y子）

回答……中川矩子《なかがわのりこ》 生駒大教会長

お母さんにどうでも元気になってもらいたいと願い、さまざまに努力をされている様子が目に浮かび、頭が下がると同時に、あなたのような娘さんを持たれたお母さんは幸せな方だと思います。

「余計なことを考える時間が少しでも短いほうがよいと思い、おてふりを教えることにした」とのことですが、さすがに四年前に修養科を修了された方だなと、心を打たれました。教祖《おやさま》が教えてくださった、よろづたすけのおつとめにすがらせていただこうという、あなたの思案が素晴らしいからです。

「身上かしもの・かりもの、心一つが我《わ》がの理」とお聞かせいただきます。そのかりものの修理・肥として、お与えいただくのが医薬です。しかし、十人の人が同じ薬を服用しても、必ず同じ結果が出るとは限りません。体中を駆け巡り、隅々まで栄養を分配する血液に、さらに〝うれしさ・楽しさ・ありがたさ・感謝〟を積み込むことができれば、体はもっと、いきいきとならせていただけるのではないでしょうか。しかし、心身ともに病んでおられる方は、なかなかそういう心になりにくいのが現実だと思います。

お母さんの閉ざされた心を、少しずつほぐして、柔らかい心になっていただかねばなりません。「どんなお話もさせていただこう、どんなこともあきらめないで、お母さんのお世話を引き受けて努めさせていただこう」と、あなたの心をしっかり定めていただくことが大切だと思います。そして、そのお世話取りも、自分の都合に合わせるのではなく「どうしたらお母さんに喜んでいただけるか」ということを常に心に置いて、お努めいただきたいと思うのです。

長寿社会は、お互いにとって〝いつか行く道〟です。一生懸命に生きてこられた方々が「長生きをしてよかった」と思っていただけるようにしなければなりません。そのためには、若い者がそのつとめをさせていただかなければならないと思います。

毎日をお母さんと過ごせることが、いかに幸せなことか、その幸せを噛《か》みしめて、おつとめを共に楽しく勤められ、おさづけの取り次ぎをなさり、また一緒に教会へお運びいただきたいと思います。

一日一日を教祖におすがりして、親孝行の道を明るくお通りくださることを、お祈りいたします。

平成3年2月10日号

問27 病気や事情相次ぎ、自律神経失調症に

七十二歳の女性です。結婚したのですが、すぐに別れて独りで暮らしてきました。信仰は、私が九歳の時の病気をきっかけに、母が入信。そして、私も五十年前に修養科に入りました。その後、さまざまな事情や病気もありましたが、現在は肝臓が悪い五十六歳の弟と二人、私の年金で暮らしています。十年ほど前から自律神経失調症になり、毎日、気分がすぐれません。会長さんに聞いても「〝心一つ〟でたすけていただける」と言われるだけです。以前は教会に住み込んでいたこともありますが、ここ一年ほど参拝もしていません。

（M子）

回答……矢持辰三《やもちたつぞう》 豊木分教会前会長

あなたは結婚・離婚、病弱の身で定年まで働かれ、いまは五十六歳の病気の弟さんと暮らしています。自分も自律神経失調症で苦しんでおられ、また、過去にはお母さんとの生活にもいろいろなトラブルがあったとのこと。あなたの人生は、一般にいう幸福の条件からは、かなり掛け離れた、不幸な人生であったように見受けられます。けれども、幸いにして娘時代に修養科を了《お》え、教会にも半年ほど住み込まれていますので、ちょっと心の向きを変えることによって、素晴らしい今後の生き方ができると思います。

親神様は、私たちが自分の運命を正しく見つめるうえで、

身の内かしものや、かりものや、心通り皆世界に映してある。世の処《ところ》何遍《なんべん》も生《うま》れ更《か》わり出更わり、心通り皆映してある。銘々あんな身ならと思うて、銘々たんのうの心を定め。

（おさしづ　明治21年1月8日）

と教えられました。

私たちの周囲を見渡しますと、あなたと同年輩の方々の生きざまは、千種万態の相が映るはずです。あなたと似通った人生、いや、あなたよりも、もっともっと不幸な方も多数おられます。

あなたと同年輩の私も、日本の歴史上で最も変動の激しい苦難の時代に生き、世界でも最も短期間に高齢化した現代社会に、七十すぎの年齢を生きております。

私たちは、高齢者の仲間として、いかに人生の最終段階を生きるかの分岐点に、いま立っているのです。

えてして人は「私の人生は、どうして思う通りにならないのだろう」と、心の軋轢《あつれき》に悩み、ストレスに陥るものです。自律神経失調症も、そこからの変調であるように思います。

教祖《おやさま》のひながたを拝しますと、私たちの想像も及ばないご苦労の中、〝人をたすけたい〟一条の親心のひながたをお示しくださいました。

〝我《わ》が身がたすかりたい〟の心を捨てて、自分と同じように悩み苦しんでいる人々のために、奇跡的なおたすけを期待するのではなく、せめて誰かのささやかな心の支えになれるような人生を通るように、心の向きを変えてみること。そこに、私たち信仰する者のまことの人生があると思います。

そのとき、我が身はたとえ病んでいても、心に喜びが生まれ、やがて、病気の悩みからも解放される日のあることを確信いたします。

平成8年7月28日号

問28 気になる帯状疱疹後の神経痛

三カ月ほど前に帯状疱疹《たいじょうほうしん》（ヘルペス）が出て、大変困りました。治療をしていただき、随分楽になりましたが、まだ痛みが残っています。顔の半分と耳の後ろの辺りが少しチクチクします。お医者さんは「三年ぐらいたっても、まだ痛いという患者さんもいる」と言われます。以前は痛みによる不眠で困りましたが、最近はぐっすり眠らせていただいております。これから先、どうなるのでしょうか。

（岡山県・78歳・女性）

回答……西和田《にしわだ》 誠《まこと》　「憩の家」麻酔科医員

痛みがあるのは苦しいものですが、なかでも顔や頭が痛むのはつらいものです。

帯状疱疹は、水ぼうそうのウイルスによって起こります。ほとんどの方は、子供のころに水ぼうそうにかかります。その際のウイルスが体内に残っていて、肉体的に弱っているとき、あるいは精神的に疲れているときに出てくるのです。皮膚の表面が赤くなり、水ぶくれができ、ヒリヒリした痛みを伴います。

治療法には、抗ウイルス剤の点滴などがあります。痛みがひどい場合は、三叉《さんさ》神経痛に有効な抗けいれん剤の内服、血行を良くし神経の回復を促す星状神経ブロックなどの治療法もあります。ほとんどの場合は、三、四週間で、そばかすのような色素の沈着を残して治ります。

しかし、高齢であったり、身体的に弱っていたりすると、皮膚表面は治っても、痛みの残ることがあります。この痛みは、時間の経過とともに軽くなり、痛む回数も減ります。また、痛む範囲も狭くなります。

なかには「帯状疱疹後神経痛」と呼ばれる痛みに、しつこく悩まされることもあります。最も多く見られるのは胸部、次いで顔面の三叉神経領域です。先に挙げた治療のほかに、抗うつ剤を投与することもありますが、なかなかスカッと完全には治りにくいようです。

お手紙を拝見すると、最近は熟睡できるようになられたとのこと。発症から三カ月ぐらいでこの程度なら、かなり軽いほうだと思います。同じような患者さんの中には、夜も眠れぬ痛みに苦しんでいる人もいます。他人と比較することは意味がないかもしれませんが、その事実を、まず知ってください。

私は、あなたのような患者さんに、いつも次のようにお話ししています。「現代医療でできることは、精いっぱいにさせてもらいます。しかし、痛みというものは、本人にしか分からないもの。心の持ち方の影響も大きいのです。どうぞ、ゆったりした心で過ごしてください」と。

体の一部に痛みがあるのは、とても気になるもの。でも、お医者さんも努力してくれて、こんなに軽くなったんだものと、まず喜びの心を持ってみてはどうでしょう。この痛みと、どう付き合っていくかが、これからのポイントだと思います。

『稿本天理教教祖伝逸話篇《いつわへん》』を開いてみましたら、一四七「本当のたすかり」の項が目に留まりました。その中に、

「すっきり救《たす》けてもらうよりは、少しぐらい残っている方が、前生のいんねんもよく悟れるし、いつまでも忘れなくて、それが本当のたすかりやで」

との一節がありました。読む人によって、いろんな意味を味わえるお言葉だと思います。

平成３年11月24日号

問29 下唇のしびれは中風の前兆?

今年の夏ごろ、食事中に突然、右の下唇《くちびる》がしびれました。食べ終わると治まりましたが、その後も固い物を食べるとしびれるので、とても気になります。というのも、亡き夫の家や私の実家に代々、中風を患った人がいるからです。私は現在七十八歳。朝夕、十二下りのてをどりをさせていただいています。また『天理時報特別号』も配って歩いています。

回答……天満益信《てんまますのぶ》 首府分教会長

あなたの右の下唇のしびれは、何が原因なのか、私には判断できかねます。でも、あなたはとても気にしておられるご様子。浮かばせていただくままにペンを執《と》ります。

「おさしづ」に「右と言えば悪の知らせ、左と言えば善の知らせ」（明治26年10月16日）とお教えくださっております。お道を信仰させていただく私たちは、お手入れを頂くと、すぐにこのことが頭に浮かびます。そして、左だから良かった、右だから悪いと、喜んだり嘆いたりします。どちらにせよ、親神様のお知らせと悟らせていただくことが大切です。

お道では「大難を小難に」とよくいわれます。小難にご守護いただいたことを喜ぶとともに、もし大難だったらと考え、をやの思いを思案させていただくことが、より大事です。

先人は、咳《せき》をゴホンとしたら肺病（今日の結核）と思え、と諭されました。数十年前の肺病は〝死に病〟でした。咳一つが肺病のお知らせと悟り、通られたのが先人の信仰であったと思います。「ハイ、ハイと言わんから扁桃腺《へんとうせん》（返答せん）」とは、お道のお諭しを揶揄《やゆ》するときによく言われますが、自分の身を律するうえでは、素晴らしい悟り方だと思います。

あなたが唇のしびれから悟る大難は何かと考えるとき、思いつくのは一つだけです。それは中風です。急に中風になっても誰にも文句を言えないのに、唇のしびれだけでお知らせいただけて私は幸せ者だと、あなたは喜び勇んで通っていることでしょう。

親神様が常日ごろのあなたの行いにお見せくださる恩情でしょう。もし、いまよりひどくなり、中風になったらと思案し、心の持ち方を変える努力をすることが、大難を小難にお連れ通りいただける道であろうかと思います。

私もこれまでに、いろいろな人のお世話をさせていただきました。そして、そのたびに思いました。その思いを「おさしづ」から引用させていただきます。

これまで尽《つく》す。これだけ運んで、内に身上、どうも心得んなあ。（中略）よう聞き分けて、たんのう。たんのうは、いんねんのさんげえと言う。たんのうは出けやせん。なれど、たんのうは真の誠やで。（明治30年12月3日）

たんのうして通ることは難しいものです。たんのうに徹して通るなら「真の誠」とお示しくださいます。内々が治まる姿です。おたすけに歩かせていただくと、自分と同じいんねんの人をお与えくださいます。そして、自分のお詫《わ》びができます。膝《ひざ》と膝を突き合わせるおたすけの中に、道は開けます。

平成8年12月22日号

問30 80歳になって狭心症に苦しむ

二十五年前に修養科を了《お》え、今年で八十歳になりました。昨年六月、突然の狭心症で十日間、入院しました。検査では特別異常はなく、その後は月一回の通院を続けています。いまでも時々、激しい胸の痛みに襲われることがあり、そんなときはニトログリセリンを服用しています。娘夫婦や孫たちと同居し、みんな私を大切にしてくれるので感謝の心いっぱいの毎日なのに、このような身上を頂いた私は、どんな心遣いをすればよいのでしょうか。

（老女）

回答……西村《にしむら》 富《とみ》 一筋分教会前会長夫人

現在は「娘夫婦や孫たちと同居し、みんな私を大切にしてくれるので感謝の心いっぱ

い の毎日」を送っておられるとのこと。世の中には長生きしても孤独であったり、不自由に暮らしている人がたくさんいるのに、本当に素晴らしいことと思います。

いくら長寿社会になったとはいえ、今年で八十歳になられました。八十年間、眠っている間も休まず働いている心臓。科学技術の進んだ世の中になりましたが、こんなすごい〝機械〟は、人間の力ではとても作れません。親神様の偉大なご守護に対し、深い感謝の思いがわいてまいります。

年齢とともに身体《からだ》は老化し、多少不自由なところが出てくるのも致し方ないことかと思います。私の母は若いころから病弱でしたが、八十七歳までおいていただきました。晩年は腰も曲がり、耳は遠く、目は手術でどうにか見えるようになっておりました。しかし、自分の体が「こんなにボロになるまで貸していただけた」と、生かされていることに「ありがたい、ありがたい」と言い続けておりました。

私たちは生かされている以上、そのご恩報じは、より良く生きる努力をすることです。周囲の人々と共に喜び喜ばせて暮らすことが大切ではないでしょうか。深谷《ふかや》忠政《ただまさ》先生の

『たすけ一条・ひろめ一条』（道友社新書）の一節を引用しますと、心臓の患いについては「心の中に秘めた不足。殊《こと》に縁につながる人に対しての場合が多い」との諭しがありました。

お道の教えは、たんのうに代表されるように、単なるあきらめでもなければ、辛抱でもありません。大切にしてもらっているだけでは、つい不足のほこりも積もりがちになります。さらに、根に水が足りなくなっただけで草花はしおれます。私は喜べなくなったときには〝ちょっと徳が涸《か》れてきたかな〟と周りを見回すことにしています。自分の喜びばかりを考えて「ほしい、ほしい」の心になると、次々と不足の心がわいてきます。

さあ、その逆を行きましょう。「世界たすけに向かう」ことは、まず自分の周りの人をたすけることから。教祖《おやさま》の教えは、あくまでも前向き、積極的なおたすけです。もうひと頑張りしてみましょう。

平成11年9月5日号

問31 痴呆の姑を抱えて悩む娘

娘の姑《しゅうとめ》は八十歳ですが、四、五年前から痴呆《ちほう》となり、最近は特にひどくなっているようです。昔のことは覚えているのですが、いまのことは何も分かりません。自分の家にいても、帰らねばとうろたえる。息子や娘の顔も忘れている。徘《はい》徊癖《かいへき》もあって家を出ると道が分からなくなる。家族は夜中でも起こされるなど、いろいろ悩んでいます。家族そろって信仰に熱心ですが、これからいかにさせていただいたらよいのでしょうか。

（静岡県）

回答……林《はやし》 芳繁《よししげ》 特別養護老人ホーム「ひびきの郷」園長

急速に進む高齢社会にあって「家族に痴呆が起こった」「家族が寝たきりになった」

などの悩みは、対岸の出来事などと言っておれない現実がやってきている今日ではないでしょうか。

痴呆は、病気などによって起こる記憶と知能の障害です。発病期のはっきりしている脳血管性痴呆と、発病期がはっきりせず徐々に進行していくアルツハイマー型痴呆とがあります。いずれにせよ、お年寄りの心と健康のバランスを維持していくことが介護のうえで大切です。

介護者の心構えとして、お年寄りに対して混乱させない、気持ちのつながりを深める、生活のリズムを崩させない工夫が必要です。また、介護者自身の健康にも注意しなければなりません。

「自分の家にいても、帰らねばとうろたえる」ということですが、そんなときには「じゃ、一緒に帰りましょう」と近所をひと回りして帰ってくるとよいでしょう。夜間なら「もう遅いからお泊まりください」と言って、気持ちのふれあいを図ることが大切です。

また、徘徊癖には目を離さないことが一番ですが、いざ、というときのために、名前と住所を書いた布を目立たない所に縫《ぬ》いつけるなど、本人の自尊心を傷つけない工夫も必要です。そして、人物誤認をしていても、昔の思い出話や体験談を聞いて、共感してあげる。また、折にふれて現実を知らせることも必要です。とにかく、お年寄りが穏《おだ》やかで、豊かな気持ちになれるよう対応してあげてください。

やむを得ず家庭内での介護が難しくなったときは、市町村の福祉事務所にご相談になれば、特別養護老人ホームに入所することができます。また、介護疲れなどの場合は、一週間程度、お年寄りを老人ホームでお預かりするショートステイ、日帰りで介護を受けられるデイサービス、訪問して介護を行うホームヘルプサービス、日常生活用具の給付・貸与など、各地域の福祉サービスもぜひ利用すべきです。

ご苦労はあるでしょうが、親が子育てをする中で成人していくように、親のお世話を通して子が成人していくのです。自分を産んでくれた親は、この親よりほかにない。親がどんなに年老いても、親があればこそ、きょうの自分があるということを心に治めていただきたいと思います。

古き者親という。子は何人ありても親は一人。為《な》したる事はどうでも立てねばならん。（おさしづ　明治22年10月14日）

どうか親に孝養を尽くしていただきたいと思います。

平成3年1月13日号

問32 教会長の実父が末期のがん

無担任の教会を受け継ぎ、母や弟と共に頑張ってきた実父が、がんで「あと一年の命」と宣告されました。私は未信の夫と結婚し、毎月のお供えと月次祭に参拝するという程度の通り方をしてきました。教会から遠く離れ、父の見舞いにもあまり行けません。上級の会長さんは、家族そろってにをいがけ・おたすけに励むように、とお諭しくださいますが、小さな教会のため、母が働いて治療費をつくっています。また、父は自分ががんであることを知りません。告知すべきかどうかも迷っています。私や家族の通り方と合わせてご指導ください。

（A子）

回答……西山茂男《にしやましげお》 信大分教会長

無担任の教会を継がれて頑張ってきたのに、会長である父が末期のがんで、あとわずかの命と宣告された。これだけ尽くしてきたのになぜ、という疑問と不安の日々で、まことに大変なことと思います。

こうした大きな節《ふし》に思うことは、それぞれの大教会の初代の先生方の道の歩み方です。重い身上と孤独の中で、ただひと筋に神様のお言葉を頼りに通りきっておられます。しかし心の内では、これだけ真剣に通っているのに、なぜご守護が頂けないのかという焦《あせ》りと不足の気持ちが、先生方が伺われた「おさしづ」の中に表れています。

人は皆同じことです。ただ、その場の自分中心の悲嘆の心に押しつぶされてしまうか、それとも大きく将来に目を開いて、親神様を信じて勇気を出して立ち上がるかの、心の通り方の差だと思います。

このたびの節には、親神様の深い思惑《おもわく》があります。それは上級の会長さんの言われる通り、家族そろって、にをいがけ・おたすけに励むことです。小さい教会でもあるし、病人を抱えているから、それどころではないと思っておられるようですが、わざわざ外へ出なくても教会の中に病人がおられます。教祖《おやさま》は、まず近くの人、身内からおたすけを始めておられます。絶対にご守護を頂くんだという信念を持って、明るく勇んで立ち上がってください。そして、人をたすけるという真実の心を出しきってください。それをせずに、ただ心配ばかりしていたのでは、落ち込んでいくばかりです。

父親の病気をたすけていただくために、家族全員が次の三項目を「生涯の心定め」として、徹底的に実行してください。ご守護を頂いても頂かなくても、一生守りきることが大切です。ご守護は、親神様が心を見定めて決められます。

①人には優しい心で、優しい言葉を使うこと
②案じ心をなくして、親神様にもたれきること
③不足の心を使わず、喜びの心を持つこと

この三項目は、お金がなくても、離れて住んでいても、忙しくても、誰にでもできる

のですが、実は一番難しいことです。そして、神様に一番受け取っていただけることです。これが実行できたら、必ず〝しるし〟をお見せいただきます。おたすけの素晴らしさも分かり、勇んだ喜びの日々が来るものと信じます。親神様は、これを待ち望んでおられるのです。

なお、ご守護を頂く心で進みますから、告知はしないほうがいいと思います。

私も無担任の教会をお預かりし、約十年かかってようやく復興することができました。頑張ってください。

平成4年11月15日号

第2部 事情篇

問33　いじめられっ子の長男に心痛む

　小学二年生の長男は、死産一回、流産二回の末にやっと授けていただいた一人息子です。未熟児だったため、斜視・脳波異常の不安を抱きながらも元気に育ってくれました。ところが、近所の子供によくいじめられるので心を痛める毎日です。すぐ泣くので、相手もおもしろがっていじめるようです。長男は前生でいっぱい人をいじめてきたのだろうか、育て方が間違っていたのだろうかと、私たち夫婦は思い悩んでいます。映画やテレビを見て人目もはばからず涙を流したり、人の悪口を言わない心優しい子なのに……。

（41歳・広島市・主婦）

回答……宇恵義昭《うえよしあき》　共成分教会長、奈良少年刑務所・少年院教誨師

確かに、気が弱くすぐ泣く子は、いじめの対象になりやすいですが、これは年とともに解消しますから、あまり先案じしないことです。むしろ、悲しい映画やテレビを見て人目もはばからず涙を流すのは、泣き虫ではなく、思いやりのある感性豊かな子供だと言えます。

しかし一般に、少し悪口を言われたり、つつかれると泣く子は、一人っ子に多く見られます。兄弟げんかや、他人と歩調を合わす経験もなく、わがままを通し、依頼心の強い子供に育っているからです。一人っ子と言っても、「はじめから子供は一人しか産まない」「何人もほしいけど一人しか生まれなかった」「子育てが大変だから一人でいい」という人など、その立場はまちまちです。当然、その親の立場によって授かった子供への接し方も、それぞれ異なっているはずです。

あなたの場合、死産一回、流産二回という大節《ふし》を乗り越えての出産です。しかも、未熟児出産です。斜視や脳波異常になるのでは、という不安を抱きながら、喜びと不安の連続であったろうと推察します。

大難を小難・無難にお連れ通りくださる親神様のご恩に感謝する心で、仕込んできたつもりでしょうが、「わが子かわいい」だけの愛情ではなかったでしょうか。その結果、親と子の絆《きずな》は結ばれて心の優しい子には育ったが、自我に目覚める第一時期を逃《のが》したようように思えるのです。たぶん幼稚園児期には、社会ルールの基礎になる順番や協調性に欠ける、はみ出し子となっていたのではないでしょうか。

子供の社会性は、学園や地域での子供同士の交流によって育ちます。その基本が、あいさつや返事ではないでしょうか。「おはよう」「こんにちは」「さようなら」「はい」「ありがとう」「すみません」など、ばかげたことのように思うかもしれませんが、大人社会もまた同様なのです。あいさつが堂々とできる子供に、対人恐怖症や、いじめに遭《あ》う子供は少ないのです。

あなたのお子さんは、人の悪口を言ったりしないとのことですが、それだけではなく、他人の意見を尊重することや、人の過《あやま》ちを許し、自分のミスは素直に認めて謝《あやま》る行為、友達との約束を守ることなどが敏速にできるように育成することです。また、いじめに遭《あ》う子は、持ち物や服装などにも配慮し、あまり変わったものや目立つ服装を避けるべきでしょう。

最後に、よく泣く子は前生で人をいじめてきたからだというような仕込みは決してしないでほしい。「十五歳までは親のさんげ」と聞かせていただくのですから、むしろ親がさんげすべきことです。

また、我慢《がまん》していくという消極的な受けとめ方ではなく、親神様のより良くしてやろうとの思召《おぼしめし》なのですから、いじめをする子に不足を言うのではなく、同じ苦しみを持つ親をたすけさせていただくご用ができるのだと、明るく勇んでお通りください。親の勇んだ姿が、必ず子供に映り、元気になるはずです。

平成2年9月2日号

問34 二男が凶悪犯罪の報道に興味を示す

中学二年生になる二男が最近、同年代の起こした事件や凶悪犯罪の報道などに、特に興味を持つようになりました。もともと何事にも無関心な子供だったのですが、事件に関係する新聞や雑誌の記事、テレビ番組だけは熱心に見聞きします。それらについて、どう思うのかは話しません。特に問題行動は見られませんが、万が一、間違った道へ進みはしないかと心配しています。

（40歳・よふぼく）

回答……古市俊郎《ふるいちとしろう》 福之泉分教会長、教育相談員

神戸の児童連続殺傷事件以来、少年を持つどの家庭でも「わが息子」を見る目に厳しさが生じました。普通に見えた子が突然、凶悪事件を起こすのですから心配も当然です。

詳しい内容は分かりませんが、楽観視するよりは万一の場合に備えて、何を心掛けたらよいか考えてみましょう。

息子さんは事件の報道を、どの立場で見ているのでしょうか。①被害者側？　②警察や裁《さば》く側？　③それとも加害者側でしょうか。多くの人は①か②の側に自然と身を置くものです。③は、暴力や殺人、サディスト、独裁者、世間の注目を一身に浴びる劇場型犯罪など、ともすれば一瞬、心によぎるような人がいるかもしれませんが、その場合でも、自分の中の「悪《あ》しき心」や「影の部分」に向き合うことになるので、長くは考えられないものです。

それでも犯人と自分を重ねて空想にふけり続けると、次第にバーチャル（仮想）世界と現実世界の境目が見分けられなくなります。現実は思い通りにいかないことばかりで、痛みも実感しますが、バーチャル世界では自由で勝手です。「悪しき心」が増大しかねません。

最近の単独少年による凶悪事件に共通することは、家族と一緒に暮らしていても、心は家族から切り離された少年ばかりだということです。うまく反発も自立もできずに孤立してしまい、「影の部分」から突き上げられるような衝動を制御できません。

また、「死」に対して無機的でゆがんだ関心が強いので、「いのちの教育」が必要です。「いのち」は縦と横に限りなくつながっています。先祖をさかのぼれば、何万何億の生命の連係に支えられているのが、私たちの「いのち」です。また親神様から頂いた「いのち」は、「いま」「ここ」で出会う人とも、不思議な縁でつながっているのです。だから、自分の「いのち」も相手の「いのち」も尊重しなければなりません。

「いのち」の尊さを教えるためには、好機を待っていてはいけません。日ごろから、身近な出来事や事件の報道などを取り上げて、その事件の陰に被害者とその家族、また加害者の家族にも深い悲しみがあることを話しましょう。

平成13年7月15日号

問35 一人息子の不登校

中学二年生の一人息子のことでご相談します。一カ月前、風邪《かぜ》で学校を休み、それが治ってもいまだに登校しません。三カ月ほど前に風邪で休んだとき、自分が信頼していた級友から「ズル休み」だとか、くどくど言われたのがショックだったようです。私も最初は怠《なま》けているだけだと思い、叱《しか》ったりしたのですが、よく話し合ってみると、行きたくても行けないと泣くのです。私にも反省するところはないかと、同じ悩みを持つ人と話し合ったり、少しずつ息子の気持ちをほぐしていこうと努力したりしていますが、いつまで不登校が続くのか不安です。どうか、よきアドバイスをお願いします。

（愛知県・K子）

回答……早樫《はやかし》一男《かずお》 児童相談所心理判定員

眠れないほど悩まれ、大変だったと思います。

ある不登校の子供を持つご家族が、「子供のことを通して家族・夫婦間の人間関係が前より良くなった。無理をしないようになった。学校に対するこだわりが取れてきた。物事を前向きに考えるようになった。本人が自分の意見をしっかり言えるようになった」などの感想を述べられたことがありました。家族全体が、子供のことを通して成長されたということでしょう。とても印象に残った言葉でした。

さて、ひと口に不登校と言ってもさまざまなタイプがあり、当然、原因についての考え方や、解決方法も多種多様です。そこで、一般的な心構えや対応の仕方、考え方などを簡単にお伝えしますので参考にしてください。

まず、子供さんにすれば〝ストレス〟に感じるようなことがあって、乗り越えられずに立ち止まっている状態と考えられます。ですから、解決の方法としては学校に行かせることのみでなく、嫌《いや》なことやしんどいと思っていることに向かっていく強い心や自立心を育てることが大切です。

初めはどうしても力ずくで対応される場合がありますが、かえって子供との距離が遠ざかってしまいます。特に年齢が高いほど、無理やりというのは好ましい解決方法ではありませんし、あまり役に立ちません。

子供がどのようなことで悩んだり、行き詰まったりしているのかといった話に耳を傾けるよう努力してください。親の当惑や悩み・不安は当然ですが、子供はそれ以上に悩んでいる場合があるので、理解し、勇気づけてください。じっくり話し合われたことは適切であったと思います。なお、話し合う際には、原因にこだわるよりも、どうしていこうかと前向きに考えることも心掛けてください。

家族（夫婦）がまとまっているかどうかが最も重要です。父親の役割や存在感の重要性は言うまでもありません。夫婦仲が良くないとか、家族がバラバラで子供のことなどで言い争いが絶えないということであれば、まずそれから解決することです。

最後に、信仰的にも「おまえが悪い」と子供だけの問題にしてしまうのではなく、成ってきたことを家族全体のこととして考え、肯定的に受けとめるようにすることです。また、ご両親自身の家族（祖父母・実家）との関係がうまくいっているかどうか、いま一度振り返ってみてください。

以上のことを参考にされ、何よりも息子さんの力を信じ、自立を目指し、焦《あせ》らず援助していかれることを祈っております。

平成３年６月23日号

問36 娘が友達と万引を繰り返す

中学三年生の娘のことで相談します。昨年から塾などをサボり始め、友達の影響からか学校の規則を守らなくなりました。家族のお金に手を出し、友達と一緒に化粧品などを万引《まんびき》するようになりました。その後も娘は、欲しがる物が与えられないと万引し、補導もされました。発覚したときは反省を示しますが、また繰り返します。最近は服装を改め、学校や塾にも通っていますが、まだ万引は続けているようです。なんとかやめさせたいのですが。

（38歳・よふぼく）

回答……古市俊郎《ふるいちとしろう》 福之泉分教会長、教育相談員

思春期の子供は、言葉でなく行動を通して語りかけてくるものです。それを親がどの

ようにキャッチしていくかで対応が異なり、その後の子供の成長や親子関係も大きく変わります。

普通、子供の万引が発覚すると、親は「まさか、うちの子が……」と驚き、子供を責めます。万引行為の裏に子供なりの理由があることを知ると、たいていの親は「自分たちの枠《わく》組みを押しつけてさえおけば、子供はその〝レール〟を走っていくもの」と思い込んでいた得手《えて》勝手さと浅はかさに気づき、自分たちを責めたり悔《く》やんだりします。

お手紙を読みますと、娘さんはもともと周囲に依存的《いぞんてき》なお子さんのようですが、中学二年生あたりから、娘さんの心が家庭や学校から友達のほうへと急速に移動したようですね。携帯電話や化粧品を欲しがったり、仲間の親に連絡しようとすると、「そんなことをしたら私は死ぬ」と言って拒否する態度からは、「友達を失いたくない」という強い気持ちが感じられます。いまは友達の中にしか居場所がなく、同調行動をとっているのかもしれません。

万引が犯罪であることは当然ですが、娘さんを悪者扱いせず、成長していく過程での

〃ゆがみ〃であり、同時に、その背景にあるあなたの家族の〃ゆがみ〃が現れたものととらえてください。幸い、好転の兆《きざ》しが見えてきたので、これを喜び、これまでの家族のあり方をさんげ（反省）し、今後についてしっかり思案しましょう。

とかく万策《ばんさく》尽きたときは、目の前の問題からいったん離れて、もっと大きな世界から見た問題の〃芽〃ととらえてみることです。それが信仰です。いま、あなたの家族に大きな変化が求められているのです。その意味を悟りましょう。「このままでは危ないよ」という親神様の温かい「ていれ」「いけん」であり、両親や祖父母を含め、よふぼく家庭全員の成人への躍進が期待されているのでしょう。

いつも親神様・教祖《おやさま》の御心《み》や、祖霊《みたま》様のまなざしを意識して、守られていると感じる家庭には、隠れて悪事をなすことができない子供が育つと信じます。

平成13年6月10日号

問37 息子たちにけんかが絶えない

三人の子供がいます。「けんかするほど仲がいい」と聞きますが、今春から中学三年生（長男）と一年生（二男）になる二人は、年が近いこともあってか、何かにつけてけんかが絶えません。二人だけで留守番をさせたときなど、取っ組み合いをしたのか、家中が散らかっていました。私たち夫婦の心が子供たちに映っているのだといわれると、言葉もありませんが、ご近所の方は、わが家が天理教を信仰していることを知っているので、仲の悪い兄弟の評判には頭の痛い限りです。生涯にわたって助け合わねばならぬ二人のはず。良い策はないでしょうか。

（40歳・主婦）

回答……古市俊郎《ふるいちとしろう》 福之泉分教会長、教育相談員

親にとって、子供同士のけんかを見るのは情けないもので、人間のをやである親神様の〝ざんねん〟のお心にふれる思いがします。何度注意しても効き目なしでは、自分を責めるようになるのも無理からぬことです。また、ご近所の手前、仲の悪い兄弟という風評を心配して心が痛むことでしょう。

なるほど「けんかするほど仲がいい」というように、兄弟にはけんかがつきものです。子供はもともと自己中心的なもので、自分の利益や要求、あるいは主張が、些細《ささい》なきっかけで対立し、どちらも引かなければ、けんかとなります。しかし、そうしたさまざまな体験を通して、相手の立場や感情に気づき、社会性を身につけていくのです。

そう考えると、兄弟は仲が良くて当たり前、けんかは悪いものと決めつけるのは表面的な見方で、ゆとりをもって冷静に対応してもよいのではないでしょうか。

とは言うものの、激しい取っ組み合いのけんかは困りものですね。二つ違いの兄弟が、

こうも真《ま》っ向《こう》から対決し、何かを競い、張り合ってしまうのはどうしてでしょうか。「十五才までは親の心通りの守護」（おさしづ　明治21年8月30日）と教えられます。ご相談を機会に、親としての心構えを見直してみませんか。

この兄弟は、同じ一つの土俵に上がって勝負しているのかもしれません。日ごろ一つの尺度で比較され、評価されていると、負けられない、親に認められたいという競争意識が強くなります。親は、子供たちのいろいろな側面を複数の尺度で見つめ、その子の資質や個性（その子らしさ）を観《み》るようにしたいものです。

縁あって、親神様から預けられた子供です。その子たちがどんな大人に成長するのか、育てる楽しみを含んだまなざしで接するならば、子供は自分そのものを見てくれている安心感を抱《いだ》き、対立的ではない調和的な兄弟関係が結ばれやすくなると思います。

平成12年2月27日号

問38 「面倒くさい」と怠ける息子の将来が心配

中学三年生の息子のことです。私たちは二年前、都内から現在の地に越してきました。昨年は、転校先の友達とけんかをしたり、たばこを吸ったり、万引《まんびき》の手伝いをやらされたり、また時々お金を黙って財布から抜き取ったりしました。今年になって、少し落ち着いてきたのですが、学校をよく休むようになりました。夫は「怠《なま》け病だろう」と言いつつも、心配して息子に意見してくれますが、本人は「面倒くさいから」と言うだけです。友達も口数も多いほうだと思いますが、このままでは進学も就職もできず、将来が心配です。私も朝夕のおつとめや、にをいがけにも出させていただいておりますが、くじけそうになってしまいます。

（F子・千葉県）

回答……宮﨑伸一郎《みやざきしんいちろう》　掛赤分教会長、日本臨床心理士

お手紙を読ませていただいて、私の心に一番ひっかかることは、ご両親や周囲の人たちの心配に対する息子さんの答えが、「面倒くさい」というひと言しかないことです。息子さんはいったい何が面倒くさいのでしょうか。そのことについての十分な吟味《ぎんみ》がされていないように思います。私は、特に問題を起こしているときの子供たちの言葉や態度は、周囲の大人たちに対する〝贈り物〟として受け取らせていただこうと努力しています。今回の息子さんからの贈り物の中身は何なのか。少し違った角度から見てみたいと思います。

息子さんが面倒くさいのは学校生活でしょうか。それとも勉強、友人関係でしょうか。私は、いま息子さんが一番持て余していることは、何よりも自分自身の心の動きではないだろうかと思います。自分というものの存在感が宙ぶらりんで、自信をなくしているように感じられるのです。

最近、中学生ぐらいの子供たちがよく口にするのが「どうせ○○しても一緒だから……」「もう（結果は）分かっているから……」というように、先読みをした、やる気のない言葉です。何か、いまの子供たちの心にシラケ（むなしさ）が徐々に充満してきているように感じます。

むなしさは、人間の心から夢や希望をなくして現実的にさせ、無気力にしてしまいます。そうなると物事の結果ばかりが気になって、若々しい力がなくなっていきます。心理学的に見ると、「同世代の子供と行う問題行動は、親離れと並行して行われることが多い」といわれています。息子さんは、親離れして自分らしさ（特徴）をつくろうとして、けんかやたばこ、万引など、外に向けていろいろやってはみたけれど、結局は自分の心が満たされなかったのだと思います。それがいまは、自分の内面に向かって〝自分さがし〟を始めた、一種のエア・ポケットのような状態なのかもしれません。

いまの息子さんに対する一番の特効薬は、この半年、一年という目先の心配にこだわらず、ご両親が息子さん自身の成長を信じ、長い目で〝待つ〟ことだと思います。いまは不安定かもしれない息子さんの心の中で、これからどんなものが熟成されてくるのか楽しみにすることです。ある有名な庭師にお話を聞いたとき、「この庭の完成は五十年後ですよ。そのころになったら石がこんな色になって、木の枝がこう伸びて、こけが生えて……」と言われ、驚いたことがあります。

大人(親)である私たちが、そんなふうに十年後、二十年後の成長した子供の姿を楽しみに見ていけたら素晴らしいと思いませんか。手紙の様子では、ご両親とも、とてもまじめないい方と思われます。しかしその分、ゆとりや遊び心がなくなって、自分たち自身、また息子さんに対して大きな夢や希望をなくしているかもしれないことを、今回、一度ゆっくり考えて話し合う機会とされてはいかがでしょうか。どうぞ焦《あせ》らずに頑張ってください。

平成3年7月28日号

問39 中学3年の息子が突然キレだした

中学三年生の息子が三カ月ほど前、私の些細《ささい》な小言で突然キレて、暴れました。以来、人が変わったように度々キレるようになりました。何がキレるきっかけなのか分かりません。キレたとき以外は、まるで何もなかったかのような振る舞いです。まだ直接に暴力を受けてはいませんが、とても怖い思いをして暮らしています。何か良いアドバイスを下さい。

（43歳・母）

回答……古市俊郎《ふるいちとしろう》　福之泉分教会長、教育相談員

思春期では、心の発達が身体《からだ》の発達に比べて未熟で、不調和から情緒的混乱を生じやすく、不安や葛藤《かっとう》を抱えながら成長していきます。イライラした感じが高じたとき、我《が》

慢《まん》できるだけの心が鍛《きた》えられているか、または、ほかのことをしたり誰かに話すなどの解消法を持っていれば、キレるまでに至りません。キレる子は、そうした心のタフさに欠け、暴れる以外に対処法が見当たらないのでしょう。だから、なぜキレたのか本人も説明できないのです。

あなたはいま「怖い」と感じておられます。息子がどう反応するか分からないからです。何を考え、どう感じ、次にどう行動するか読めない相手を「怖い」と感じるのは当然です。

ところが、その相手を一番知っているのは、心の専門家ではなく、実はいつも一緒にいるあなたなのです。というより、あなたの「からだ」が彼について一番知っているのです。

たとえば、道路の向こうから会いたくない人がやって来たとき、思わず身を隠した経験はありませんか。頭よりも先に身体が反応するのです。身体には、その人から受けた感じがすべて記憶されています。あなたの身体に届いている息子さんの情報を引き出してみましょう。

静かな所で、姿勢を楽にして、目を閉じて、身体の中の怖い感じや息子さんのことを一つずつ思い浮かべてください。しばらくしますと、その彼は、あなたに何かを語ろうとしてきます。その表情とともに、その言葉を聴いてください。

それは、彼の現在の〝心の声〟です。思うように進まない焦《あせ》り、不安、劣等感、悲哀かもしれません。家族との対立でキレたのではなく、彼自身の問題が吹き出したのでしょう。だからこそ、何もなかったかのように平穏《へいおん》なときもあるのです。彼の心の声が、あなたに届きますと、恐怖心はいとおしさに変わるでしょう。

それから、神前に端座《たんざ》して、同じく親神様・教祖《おやさま》のお声を聴きましょう。どうなることを望まれているか、何から始めたらよいか、無欲な心になって身体に響く声を聴きましょう。

平成15年10月20日号

問40 夏休みに様子が急変した娘が心配

高校二年生になる一人娘が、夏休みに入ってから髪を染め、肌の露出の多い服を着たり、友達と泊まりがけで遊びに行ったりと、急に様子が変わり始めました。頭ごなしに否定したくはないのですが、正直、心配です。娘の様子や考えを把握《はあく》して、親として正しく導きたいのですが、最近はうっとうしがられて、会話もろくに成立しない状態です。上手《じょうず》に見守るうえでのアドバイスを頂きたいのです。

（49歳・父）

回答……古市俊郎《ふるいちとしろう》 福之泉分教会長、教育相談員

この夏、茶髪にピアスに厚化粧、水着のような服装でタレント風の変身を楽しんで街

を闊歩《かっぽ》している中高生をよく見かけました。夏休み限定で染髪を認めた親もありました。しかし、夜遊びに外泊、〝プチ家出（二、三日間の家出）〟があると状況は深刻で、二学期以降の生活がとても心配になります。

こうした相談が父親からあった場合、子供の外面の話ばかりで、内面についてはほとんど分からないことが多いようです。「娘のことは妻に任せてある」と言いながら、実は接し方が分からず、怖がっているように見えます。「たまには叱《しか》って」と妻に言われると、正論や忠告を一方的に伝えるだけで、双方向の会話にならないのです。

信頼や絆《きずな》は、双方向のコミュニケーションによって形成されます。それは言葉だけでなく、しぐさや生活態度を通して、その奥に潜《ひそ》んでいる心の世界が伝わり合い、共有されなければ信頼に到達しません。

また、大事なのは、コミュニケーションの意味は、伝える側の内容ではなく、受け取った側の内容によって決まるということです。つまり、親の言い分が伝わるのではなく、娘さんが感じ取った分だけが実際のコミュニケーションになるわけです。人は、現実をあなたと同じように見てはいません。それぞれが自分流にとらえた現実を生きています。それはまるで、実際の地形から用途に合わせて地図を作るのに似ています。本当に娘さんの心を理解するには、その〝地図〟を知ることです。

娘さんの突然の染髪や服装の変化は、ある種の変身でしょう。変身したい気持ちとはどんな〝地図〟によるのでしょうか。父親に返事をしない態度は何を表したいのでしょうか。これまでの従順な自分から、新しい自分へと衣替《ころもが》えしたいけれど、うまくいかないように思えます。

待望の娘が誕生して以来、親はどれほどの歓《よろこ》びと希望を抱いて暮らしてきたことでしょうか。高校二年生では細かいしつけの時期は過ぎています。これからは娘さんを一人の人間として尊重し、互いの心の世界が感じ合えるように努めましょう。

平成13年9月2日号

問41 高校生の娘が携帯電話を持ちたがる

高校二年生になる長女が携帯電話を買ってほしいと言います。級友のほとんどが持っているようで、娘が仲間外《はず》れにされては困るのですが、新聞に、小遣いではとても払いきれない通話料を請求された高校生の話が載《の》っていましたし、何より非行のきっかけになるのではないかと心配しています。高校生が持つ必要などないと考える私の頭が古いのでしょうか。お道のうえでの考え方をお聞きしたいと思います。

（45歳・父）

回答……古市俊郎《ふるいちとしろう》 福之泉分教会長、教育相談員

いまや携帯電話は急速に普及し、個人で持つ年齢もどんどん下がっています。

携帯電話はどこにいても連絡し合えて便利な半面、多額な料金の支払いや、頻繁《ひんぱん》な通話、メール交換による拘束《こうそく》感、周囲への迷惑など、困った面も少なくありません。しかしながら、現代の若者のコミュニケーションに不可欠なアイテムとして定着しています。

子供が欲しがる物を買い与えるべきか否《いな》か、親として迷っておられますが、これを二者択一の問題ととらえず、娘さんとの話し合いの機会がやって来た、と考えてはどうでしょうか。

子供が親に困った問題を突きつけたとき、大げさに言えば家族にとっての節《ふし》なのです。節ならば、そこから芽が出るように、家族の絆《きずな》を強めるチャンスと受けとめましょう。

「元の理」のお話では、親神様は人間創造に当たって、それぞれの道具に対し「承知をさせて貰《もら》い受けられた」とあります。つまり、わが子であっても、できる限り本人に承知をさせる態度が大切だと教えられているのではないでしょうか。

特に中高生に対しては、高圧的な態度は反発心を招くだけで効果がありません。親が真実の心で接すれば、子供には親の心情を理解するゆとりが生まれます。どちらが正しいかという結論を求めるより、結論に至る過程に正しい道を求めましょう。
具体的には、次の三点を提案したいと思います。まず、①携帯電話が欲しいという娘さんの訴えを黙って最後まで聞くこと　②親子ともども、携帯電話に関する詳しい情報を手に入れること　③親の気持ちを正直に伝えること――です。
①については、欲しい理由、希望する機種、料金設定プラン、小遣いとの比較など、どこまで具体的に考えているかも同時に聞きたいものです。②については、親自身も自分の目と耳で調べ、正確な情報を手に入れてください。機種や料金の支払い方法、通話相手先限定、通話料限度額設定など、ひと口に携帯電話と言ってもいろいろあります。
具体的なデータを持って、娘さんとよく話し合い、双方が承知できる結論に至ってほしいと思います。

平成12年5月28日号

問42　荒れる長男に身も心も疲れ果て

結婚十八年目で、家にも帰らず、給料もくれない夫と別れました。私が引き取った高校三年生の長男は、春休みから学校を休み続け、悪い友達と遊び回っています。学校の先生の言うことも聞かず、弟にたばこの火を押しつけたり、障子《しょうじ》や布団《ふとん》を焼いたり、柱を削ったりとエスカレートします。間もなく退学になりそうで、もう私も疲れ果てました。別れた夫は新しい家庭をつくっています。

（42歳・岩手県）

回答……山崎利雄《やまさきとしお》　立命館中学・高校教諭、立命館大学文学部講師

親は誰しも、子供のためなら、たとえわが身を削っても、と努力します。だからこそ

「もう疲れた」状態になっても、当欄に相談されたものと思います。

さて、事情が緊迫していることは、あなたの結婚生活の破綻《はたん》と、ご長男の異常行動に現れています。その原因が、夫婦の治まりにあるのは明らかです。

いま、あなたのお子さんは、あらゆる意味で「父」を意識し、「父」を必要とする時期を迎えています。家にも帰らない父と、それに対する母の様子を、発達段階にあったお子さんはどんな気持ちで眺《なが》めていたでしょう。

お子さんにとって、たとえば進路の問題や悩み事などを相談するうえからでも、「父」の存在は重要です。本来は、その役目を誰も代われないのですが、〝さんげ〟とともに心を低くして、進路については担任の先生に指導を仰いでください。

お子さんの一見して目に余る言動は、凶暴性さえ現れているのですから、事態は深刻です。しかし、そうした異常にも見える行動は、大人への道のりの中で、子供がどの発達段階にあるかを明確に示しており、直接行動としての叫びと訴えなのです。両親が、子供に対してどのような考えで、どのような姿勢で心を尽くしてきたかを総点検し、いまからでも立て直す努力が必要です。

たとえば、親として素直な良い子に育てようとするあまり、子供の自立をゆがめてしまったのではないだろうか。また、子供の自立のために、いろいろな解決の道を指し示してしまったことはないだろうか、など。

小学四年生から六年生の成長の節目で、子供が十分な理解をしていないまま塾通いを強《し》いる親をよく見受けます。ところが、この時期は、自分と同質のグループを子供自身が選び、それまでの自己中心的な立場から、グループのこと、その中の友達に目を向けるようになり、グループ内のルールや約束事を守ることができるようになります。

さらに、中学一年生ごろから、急に親への反発が始まり、何事も自分で考えて実行するようになります。

まずは、子育ての筋道をたどって、お子さんの成育歴を振り返り、問題点を明らかにすることです。子供より親の姿勢に思い当たることがあると思います。

子供は、親神様からお預かりしている最も大切な宝物です。このことを思案したとき、導き方を含めた親の接し方、日々の心遣いが変わってきます。反省することがあれば、まずは親神様にお詫《わ》び申し上げ、今後の家庭生活の立て直しに努力してください。

「もう疲れ果てました」というお気持ちは、分からないではありませんが、子供は親神様からお預かりしているということが真に腑《ふ》に落ちれば心配は無用です。そのためにも、お子さんたちの子育てを再開するうえから、教会へ足を運ばせていただき、このたびの事情を治める理づくりをすることです。会長様に助言を頂き、その思いに沿って努力し、実行させていただくことが、何より肝要ではないでしょうか。

正念場はこれからです。どうぞ勇んで立ち直ってください。

平成2年10月28日号

問43 息子が受験ノイローゼに

昨年、受験に失敗した二男は、熱心に予備校へ通い、一時はとても好調でした。ところが十月ごろからノイローゼ気味となり、集中力が欠け、成績も急に落ち始めました。病院に行くと、ストレスからくる神経症、焦《あせ》りは禁物とのことでした。残念ながら、今年の受験にも失敗。試験が終わってもすっきりせず、私に「いつになったら治るのか」と迫ります。親として、どのような心の持ち方をすればいいのでしょうか。本人は大学に行って、高校時代から続けているラグビーをするのが願いです。二男は人一倍プライドが高く、三浪して大学に入った兄や、妹の話にも耳を貸さなかったのですが、その点は最近、反省するようになりました。

（K子・三重県）

回答……早樫《はやかし》一男《かずお》　児童相談所心理判定員

息子さんはいま、「思春期」という〃発達の節目《ふしめ》〃に直面しています。この時期は、子供から大人へ成長するための大きな節目です。

一方、「思春期危機」といわれることも多く、人生の中で最も不安定になりやすい時期でもあります。「疾風怒濤《しっぷうどとう》の時代」と言った人もいます。

この大きな節目に際し、まず肝心なことは、周りの者（家族）が本人を温かく見守る気持ちになることです。息子さんは不安定になっているでしょうから、親のほうは、どっしり構えることです。

さて、お手紙を拝見して、息子さんについて思い浮かんだのは、まじめで几帳面《きちょうめん》で、いままで何事につけ順調にやってきた、いわゆる〃いい子〃のイメージでした。周りから〃いい子〃のイメージで見られてきたので、その役を演じてきたのかもしれません。

しかし、受験に失敗するという予期せぬ結果は、強烈な挫折《ざせつ》体験であり、受けたショックはかなり大きかったと思います。表面上は、さほどでもないように装っても、心の中では悶々《もんもん》としていたことでしょう。また「自分はダメだ」という思いになったかもしれません。

いま、息子さんは〝いい子〟であった自分と、不安定になっている自分とのはざまで混乱しています。そんなときに「何とかしよう」とか「解決しよう」と思えば思うほど、かえって悪循環に陥《おちい》ってしまうことがよくあります。不思議なことに「いつになったら治るのか」と気にしている限り、いつまでも続くということがよくあります。無理に、なんとかしようと思わないで、「成ってくるのが天の理」と、まず親のほうから現在の事態を喜んで受け入れましょう。

いままで演じてきた自分の役柄をもっと幅広いものにするために悪戦苦闘し、これからの人生を乗りきっていくために〝自分づくり〟に努めている息子さんを決して責めないでください。

兄弟関係について少しふれられていますが、いままで家族全体が一つにまとまっていなかったのかもしれませんね。息子さんの〝自分づくり〟は〝家族づくり〟も求めており、同時に〝夫婦づくり〟の節目でもあります。家族全体が〝発達の節目〟に差しかかっているということを暗示しているのです。この機会に、家族として一手一つにまとまることが何より大切です。

最後に、息子さんは、ご両親につらさを語ることでほっとしたと思いますが、同じように、ご家族が教会につながることも大切です。教会とどのようにつながっておられるか分かりませんが、ぜひ、いままで以上につながるよう心掛けてください。

平成3年3月31日号

問44　娘のレイプ告白に胸裂ける思い

娘が、数人の男からレイプされました。娘は詳しく話してくれませんが、「エイズ検査のために病院へ連れて行って」と、涙ながらの告白でした。無防備な娘への怒りと、野蛮な男たちへの恨《うら》み。この世で一番残忍な方法で男たちを殺してやりたいなどと、むなしいことを考えてしまうと同時に、あまりにも過酷な重荷を背負ってしまった娘を思うと、ただただ、かわいそうで言葉もありません。

娘には、妊娠することも命を失うこともなく帰れたのが奇跡なのだと話しましたが、夫に相談することもできず、胸が張り裂けそうな毎日です。（40歳・教人）

回答……早樫《はやかし》一男《かずお》　児童相談所判定指導係長、彌生布教所長

娘さんにとって、恐ろしく、つらい経験だったことでしょう。言葉では表現できないほどの苦しみを感じておられることと思います。お母さんに話すまでの深い悩みや戸惑い、葛藤《かっとう》などを推察すると、胸が締めつけられます。

娘さんから打ち明けられたとき、お母さんの心中も、とても混乱したことでしょう。「どうして、このようなむごいことを……」という恨みの気持ちがわいてきても無理はないと思います。

また、相手だけでなく、娘さんに対する怒りや攻撃的な気持ちが芽生えても不思議ではありません。早く何もなかったことにしたいと、出来事そのものを否認したい気持ちも起こるかもしれません。複雑な思いが入り乱れて、お母さんも娘さんも、共に不安定な状態になられていることと思います。

娘さんが、お母さんに告白したということは、不安定な気持ちや状態を、誰よりも親に受けとめてもらいたいという願いがあったからではないでしょうか。これまでの人生で、自分ではどうしていいか分からないほどの大きな危機に出くわしたときに、頼りになるのは、やはり親だったのです。思いきって打ち明けて、親に受けとめてもらえて、少しほっとしたのではないでしょうか。

小さな心を痛める大きな節目《ふしめ》の出来事を通して、娘さんは親を頼り、親にもたれることの大切さや安らぎを痛感しているのではないでしょうか。

どうか、親神様にもたれる気持ちを忘れないでください。

心身ともに、もたれきった状態というのは、一切の力が抜けて、脱力した状態をいいます。自分の思いにこだわっていると、もたれることはできません。

娘さんは、思いきってお母さんにもたれることによって、親の思いや愛情を再確認されたのでしょう。もたれることができるようになると、親神様に生かされているということが実感できるようになります。

今回のことは、娘さんにとって思い出したくない出来事ですから、詳しい話ができないのも無理はありません。もちろん、無理に聞き出す必要もありません。

娘さんを温かく抱きかかえるような気持ちで見守ってあげられるよう祈っています。

親神様にもたれきる心になるに従い、少しずつ、傷ついた心が癒《い》やされていくことと思います。

なお、この件は、警察に届ければ明らかな犯罪となります。しかし、あえて心情面での回答をしました。心を倒さず、お通りください。

平成10年2月22日号

問45 人の言うこと聞かず借金を重ねる長男

二十三歳になる長男の金銭感覚がないのに困っています。うそが多いうえに、人の言うことに全く耳を貸さない性分《しょうぶん》。三年前から何社もの消費者金融などに手を染め、一度は家族を保証人にして借金をまとめましたが、返した分だけ、また借りられるシステムがあり、一向に解決しません。勤め先にまで催促の電話がかかり、会社を一度変わっています。

（50歳・よふぼく・母）

回答……小金井喜好《こがねいきよし》　心治分教会長

昨今、消費者金融からお金を借りる人は、ほとんどが生活苦からではなくて、自分の欲望を満たすためのようです。

さて、よく見かけるこんな光景があります。母親に手を引かれてデパートに入った子供が、気に入ったおもちゃを見つけ、買ってもらおうとおねだりします。しかし、母親に「だめ」と言われました。そこで子供は駄々《だだ》をこね、転げまわるように泣き叫ぶ。やがて母親は、仕方なくお金を支払って買い与えます。

息子さんの姿は、これによく似ていると思います。人の言うことも聞かず、うそをついてでも自分の欲望を満たす。本人に悪いことをしている意識がないなら、本当にお困りなのは、お母さんをはじめ周囲の方々ではないでしょうか。

自分を鏡に映し、その姿を見て笑えと言われても、自分が笑っていないのに、映った姿を笑えというほうが無理ですね。それと同じで、息子さんにご守護を頂きたいと願うなら、願うお母さんから心を変えることによって、息子さんもだんだんと心を入れ替え、お母さんの言うことも聞き入れてくれるようになります。息子さんを見て心の成人が遅れていると思うなら、先に教えを聞いたお母さんから、心の成人をさせていただかなければなりません。成人とは、日々年々、をやの思いに近づくことだとお聞かせいただきます。また、子供は親の敷いたレールの上を歩むともいわれています。
もう一つ、お母さんだけを責めるのではありませんが、息子さんを過保護に育てては
いなかったでしょうか。長男なので、かわいさのあまり必要以上に品物、お小遣いを与
えてはこなかったでしょうか。手紙文を読ませていただくと、どうも親離れ、子離れが
できていないような気がします。息子さんは、親がなんとかしてくれるだろうと甘い考
えを持っているようです。この際、お母さんは、毅然《きぜん》とした態度で接する必要がありま
す。このあたりで少し突き放したらどうですか。

自分で掘った穴なら、自分で埋め戻さなければなりません。他人に埋めてもらったら、
汗は流さず、反省もせず、軽くなった心は再び穴を掘ってしまいます。しかし、自分が
泥まみれになって、反省しながら埋め戻す努力をすることで、その苦労が心を変えてく
れ、はい上がることができます。

お金の事情は、よろずつなぎのご守護の理合いですから、おぢばに心をつなぎ、人さ
まを導き、ひのきしんに励むことが大切です。今月ぐらいは、きょうぐらいはと手を抜

く心を、親神様は見抜き見通しです。私はこうしているんだと、人さまに見てもらうのではなく、陰で徳を積ませていただくように、陰から息子さんを応援してください。

平成12年4月9日号

問46 職に就かない息子を立ち直らせたい

息子は問題を起こして、高校を中退。修養科修了後は、トラックの運転手になりました。が、体をこわしてブラブラするようになり、二十五歳になった現在でも一年以上働かずにいます。家からお金を持ち出すこともあり、悪い友達もいるようです。三歳の時に父親が病気で亡くなり、祖父母と私がかわいがりすぎたせいでしょうか、最近ではますます荒っぽくなり、気に入らないと物を投げつけます。会長さんの言うことも聞きません。なんとか立ち直ってもらいたいと、教会日参も続けていますが、その兆《きざ》しも見えません。

（K子）

回答……天満益信《てんまますのぶ》 首府分教会長

私の学生時代、試験勉強は決まって前日の晩でした。試験に臨《のぞ》むと、いつも後悔しました。そのときは「今度こそ前もって勉強しよう」と決心しますが、最後まで〝一夜漬《づ》け〟から逃《のが》れられませんでした。

習い性《しょう》というのでしょうか、学生生活が終わっても、文章を書く段になると、この癖《くせ》が出てしまいます。原稿の締め切りが近づかないとペンを持つ気になれません。締め切りが迫り、時間が気になります。それとともに背中がだんだん熱くなります。背中が熱くなったとき、ペンを執《と》ります。あとは一気に書き上げます。困った習慣ですが、それしか仕様がありません。

いまもそうです。さあ書こうと腰を上げた途端、家族の一人が「頑張って」。家族は励ましたつもりでも、そのひと言で私は書く気をなくしました。

これは私事ですが、何げないひと言が、人の運命を左右することもあるのではないかと思います。「親の意見と茄子《なす》の花は千に一つも仇《あだ》はない」といいます。子を思ううえからの親の意見は正しいものです。が、いくら正しくても、聞く耳を持たない子には説教としか映りません。

私たちは皆、自分が正しいと信ずる生活をしています。特に子育てに関しては、子供の将来を思い、躍起《やっき》になって教育に打ち込む親も大勢います。将来に願いを込めて、生活設計を進めています。悪い子に育ってほしいと願う親は一人もいないはずです。なのに、なかには親の願いを無にする子供が出てくるのも、これまた現実の姿です。

心を落ち着けて考えてごらんなさい。あなたの性格に一番似ているのは誰ですか? 特に、あなた自身の嫌《いや》な面にです。それは誰でもない、あなたの息子さんでしょう。息子さんは正直です。あなたが隠していたい点まで見せてくれています。日参をされているようですが、会長さんの言われることが頼りなくて、聞けなくなっているのは、あなた自身なのでは。

私の妻は昨秋、進行性胃がんの手術を受けました。私は「なぜ?」と思いました。次いで今夏、死の寸前までいきました。そこまできて、やっと分かったのは、人一倍の喜びを持たせていただくには、その前に身上・事情があるということでした。そして、喜びの前提としての病をお与えくださった神様に感謝いたしました。

あなたの文面にも、言葉に「が」が多いようです。どんな素晴らしい話を聞いても、よく分かりましたが、と、「が」が続くと、それまでのことは打ち消されてしまいます。たたき直すべきは、あなたの心です。初心にかえり、会長さんの言葉を素直に聞かれてはいかがですか。

平成7年12月24日号

問47　金遣いの荒い息子に閉口

わが家は、私たち夫婦と義母、息子の四人暮らしです。私は嫁いできて三十年になりますが、まだ一度も夫婦げんかをしたことがありません。義母との仲でも一度も嫌《いや》な思いをしたことがありません。ところが、一つだけ悩みがあります。もうすぐ三十歳になる息子の金遣いが荒く、給料はもちろん、借金までつくって遊ぶ始末。その返済を父親に押しつけます。息子以外は皆、几帳面《きちょうめん》で無駄《むだ》な出費はしないのですが、どうしたことでしょうか。気がかりでなりません。

（島根県・主婦）

回答……渡部与次郎《わたなべよじろう》 愛与布教所長

ある母親の話です。子供がなかったので養子をもらって育てました。ところが、その子は成長すると、お金を持ち出して遊ぶようになり、お金がなくなると、帰ってきては、また親からせびって家を出てゆく。その繰り返しが続きました。

そんなとき、母親は天理教を知り、教会へ日参し始めました。そして「愚痴《ぐち》は腐《くさ》る、不足は切れる」という話を聞き、絶対に愚痴・不足は言わない、思わないと心を定め、考え方を変えました。お金で人を困らせることはいけないが、お金で困る人にも、また問題があることを知ったのです。困らせる側の人は将来、そのはね返りで自分が困る日が来ますが、困ったと言う側の人には、過去に困るようになる種がまかれてあるのです。

その〝通り返し〟だと悟ったその母親は、子供がお金を使っても、自分の好きなことに使って喜んでいるなら、病んだり死んだりするよりどれだけいいか分からない、と喜ぶことにしました。

しかし、何年たっても子供の行状《ぎょうじょう》は改まりません。それでもなお、その母親は愚痴・不足を言わず、黙々と喜ぶことに努めていました。

所属する教会の会長は、信仰家庭の娘を嫁として世話すれば、この息子は変わるかもしれないと考えました。そこで、嫁候補と定めた娘の母親について話を聞いてみると、愚痴一つ言わないと近所の誰もが認める人であったので、縁談を進め、めでたく結婚となったのです。

ところが新婚早々、息子のところへ遠方から借金の取り立て人がやって来ました。応対に出た若い嫁は、「夫の借金は私の借金でもありますので、明日《あす》からでも働いてお返ししますから、しばらくお待ちください」と答えたのです。その話を陰で聞いていた息子は、その日以来、人が変わったように働き始めたのでした。

この母親の場合だけでなく、ほかにも、母親自身が詫《わ》びる心になったら、子供の金遣いがピタリと治まったという話もあります。

お金に困る人は、お金の使い方が間違っているものです。給料などでお金を頂いたら、まず、生命・身体をお貸しくださっている親神様にお初《はつ》をお供えさせていただき、次に親に差し上げ、必要最小限を自分が親から頂くというようにすればよいのですが、ともすると、自分の好きなことに使うのが一番先になってしまいます。これが、お金で困る元です。

子供は、親の七倍通って見せてくれる、ともいわれます。親に尽くし足りなかった分を、七倍にして子供が請求してくる、とも考えられるでしょう。親不孝な子供のおかげでお道に引き寄せられ、よかったと喜べるようになれば、親孝行に変わります。親不孝な子供ほど親孝行なのですね。信仰に進めば、それがだんだんはっきりしてきます。

平成2年8月19日号

問48　酒と賭け事に走る甥

三十二歳になる甥《おい》は五年前、婚約が解消になってから酒とギャンブルに走り、親にはお構いなしに家の金を使いまくるようになりました。甥は人をだますのがうまく、つかみどころがなく、仕事も長続きしません。子供のころのしつけが悪かったのでしょうか。本人に、両親に、どのようなアドバイスをしたらいいのでしょうか。

（U子・愛媛県）

回答……山本武生《やまもとたけお》　須崎分教会長

婚約解消からヤケを起こした甥が、酒と賭《か》け事に家の金を使いまくったと言われますが、「使いまくれるお金があってよかった」と私はしみじみ思います。

昨年、相談を受けた婦人のケースですが、夫の女性問題からヤケになり、カタキを討《う》つつもりで、クレジットカードを使って買い物をしたり、ローンでお金を借りて遊び回っていました。そのうちに、夫が商品の先物取引《さきものとりひき》で大ヤケド。自宅まで取られることになり、絶望から自殺を図ったのです。

幸い、未遂に終わりましたが、その婦人が、私との会話で最後に言ったのが、「お金のあるうちはウップン晴らしもできたのに……」というひと言でした。

あなたの質問を読ませていただいた瞬間、このことを思い出しました。

元来、お金というものは、使うためにあるものですね。使えないお金、使わないお金は、何億円持っていても価値がありません。億万長者でも、使わなければ一文なしと同じです。福沢《ふくざわ》さん（一万円札）は生きていますし、生きているから喜怒哀楽《きどあいらく》の感情があります。だから、その家になじまない福沢さんは、いくら引きとめようとしても、何らかのきっかけで出てゆくものなのです。

幸いに、ご相談のケースは家族の病気やけが、人さまを巻き込んだ交通事故などによる出費ではありません。これを、まず喜んでください。そして、どうせ出さなくては済まないお金なら、機嫌《きげん》よく出してやってください。

しかし同時に、このお金はドブに捨てるような使い方をされるのですから、福沢さんにお詫《わ》びの意味を込めて、人だすけへの伏せ込み――喜びの種まきのほうへも、しっかりと運んであげることです。気の毒ないまの運命を切り替える、一番の近道はこれだ、と私は信じます。

また、甥の人間的な欠点にも文中でふれられていますが、これは教育やしつけが問題ではなく、私たちそれぞれが持っている顔と同じではないでしょうか。

人間は誰でも、親からもらった生まれつきの顔を持っています。その顔に、誰でもない自分の手で、人生という年輪を刻みながら、一人の例外もなく出直しの日に向かって歩みを進めているわけです。

顔は第一に親譲りですから、両親は、この方を身ごもられた前後三年間の心遣いを、しっかり反省してみてください。同時に、今後、三十歳を過ぎた大人の甥に、怒ったり愚痴《ぐち》をこぼしたり、説教したり一切しないことです。甥に顔を向けるのではなく、その顔を正しく神様のほうへ向け、人だすけの道へと方向転換するよう導いてあげてください。

「思い切る理がいんねん切る理」。一家そろっての笑顔が、そうした歩みの中に生まれてくることを思い描きながら、回答とします。

平成2年5月20日号

問49　30歳代半ばの息子が働かない

米穀店を経営しています。息子（35歳）が働かなくなりました。朝方四時ごろに寝て、昼過ぎに起きてきます。家族は夫と私、息子夫婦、小学校に通う二人の孫です。夫は、昭和五十九年に肺炎で「憩《いこい》の家」に入院し、修養科を了《お》えました。そのころから、息子は一人で店を運営していくのが不安になったのか、休みがちで、無理に起こすと物を投げるようになり、私とけんかになります。夫は昨年から腎《じん》不全になり、人工透析《とうせき》を受けています。嫁は朝早く起き、夜遅くまでよく働き、皆に優しくしてくれますが。

（大阪府・主婦）

回答……西和田《にしわだ》ヤスハ　天理学寮豊井ふるさと寮長

あなたは大変幸せなのに、それに気づいておられないのではないでしょうか。

まず、信仰心のあるご主人が、人工透析を受けながらも、朝早くから夜遅くまで、よく働いて米穀商を自営しておられること。自主流通米や米市場開放問題がうんぬんされて、先行き不安な商売だという人もあり、部外者には分からないご苦労もあるかと思いますが、お米は日本人の主食です。食生活の必需品です。人の命を左右するほど大切なお米を扱っているのですから、親神様は喜んでくださっていると思いますよ。

次の幸せは、息子さんがおられ、良きパートナーに恵まれていること。現代は、娘一人に婿《むこ》七人、適齢期の娘さんの何倍かの独身男性が相手を探しておられます。息子さんと一緒に食事をしてくれるお嫁さんがいて、そして女一人男一人のお孫さんにも恵まれて、赤い洋服を着せる喜びも、野球のグローブをプレゼントする楽しみも両方味わえるのですね。

ご主人とあなた、息子さんご夫婦、女と男のお孫さん。この三世代が同居し、堅実なご商売を営んでおられるあなたを見て、うらやましいと思う人が世間にはどんなにたくさんおられますことか。

あなたはそんなに幸せなのに、なお一層の幸せを求めて、現状を嘆き、息子が働かないと悩んでおられますが、あなた自身、自分の幸せをありがたいと思う心が少し足りないのではありませんか。

息子さんは、もう立派な一人前の父親です。子供のように、早く寝なさいと叱《しか》りつけられると、おもしろくない、反抗したい、すねたい、と考えるのは当然かもしれません。それで無理に生活習慣を乱し、仕事への意欲も喪失《そうしつ》してしまわれたのではないですか。

ここは一つ、お母さんであるあなたが心を広く持って、三十五歳の一人前の男性に、起きよ、寝よと指図する心を捨て、日々の生活を感謝し、わが家の大黒柱の息子さんを拝んで通ってください。

息子さんには、修養科に入って、朝起きて夜寝るという平常の生活パターンを取り戻すことをお勧めします。
『稿本天理教教祖伝逸話篇《いつわへん》』一四四「天に届く理」の、「どんな辛《つら》い事や嫌《いや》な事でも、結構と思うてすれば、天に届く理、神様受け取り下さる理は、結構に変えて下さる」との思召《おぼしめし》をよく噛《か》みしめて、喜んでお通りください。

平成3年12月22日号

問50 性にあわず職を転々

三年前、ある証券会社に勤めましたが、仕事が性《しょう》にあわず辞《や》めました。それから自動車のセールス、保険と四つほど職を替えましたが、いずれも半年ぐらいで長続きしません。最近、大学時代の友人の勧めで建材会社に入りましたが、友人に使われるのも気に入りません。いまの会社も辞めようかと考え始めています。

どこかに自分にピッタリの仕事がないものかと思う一方で、このままずるずると同じことの繰り返しになるのでは、と自分の将来に対して不安もあります。ぜひ良いアドバイスを頂きたいのですが……。

（28歳・名古屋市・会社員）

回答……恩田昌史《おんだまさし》 天理大学教授、同大学ホッケー部部長・監督

おおよそ半年ごとに転職をしてきているあなたは、普通の人よりも、さまざまの経験をしていますね。

それに比べて私なぞ、小学四年生から今日まで、約四十年間にわたってホッケーの選手と監督業を、そして本職は、大学卒業後に教員を、いわゆる一本道でやってきているので、ある意味では安易な生き方をしているわけです。

察するに、あなたはきっと向上心や進取《しんしゅ》の気性も強い人なのでしょう。新しい環境の職場に、次々に入り込んでいく勇気も決断力もあるからです。

さて、あなたにとって少しでも役立つようなことを、私が自信を持って言えるとしたら、それは私自身が実体験を積んできたことを通して〝実感〟していることしかありません。あなたに、学校時代にでも真剣にやったスポーツ経験があれば、分かってもらいやすいのですが……。

私はこれまで常に〝日本〟になること、またオリンピックなどの国際舞台での〝勝利〟を目指して、その実現のための備えとして苦しく厳しいトレーニングを重ねてきました。はじめのうちは、思ったり感じたり識《し》ったりできなかったことが、次第に頭に、気に、心にイメージできるようになり、先が〝読める〟ようになってきたのです。

しかしながら、特に選手時代の試合や練習の過酷な、それこそ死ぬほどの辛苦のときに、幾度ホッケーをやめたいと思ったことか。だけれど、その都度、やめる勇気や決断力がなかったのです。それはきっと、ホッケーの代わりに〝何かのコト〟を、新たに求めなければならなかったからです。

しかるに、あなたは幸いにも、まだまだ若い年齢です。先にも述べたように、あなたのこれまでの実社会における数々の職業体験と、それ以外の趣味などからも、あなた自身がつかみ得ていることは、広く多岐多様であり、もちろんそれらは、これからの職業生活や日常生活の中に、糧《かて》として生かしていけるものとなるでしょう。

しかし、もしもこれから先、さらにまた職を替えたいと本当に望むのなら、とことん替えてみることですネ。自分自身を偽《いつわ》る人生は、なんと言ってもつまらないじゃありませんか。

ただ、詰まるところ、短い時日の薄っぺらな体験からは、事柄や物事の本当の中味や機微を、つまびらかに識ることができないということだけは忘れないでほしいのです。おそらく、あなた自身、いつまでも浮き草のような生き方を望んではいないでしょうから……。

終わりに、あなたに自問自答することを進言したいです。「いったい自分はどのような生き方をしたいのか」と——。

さあ、明日《あす》からの人生に目標を設定して、打ち込んでやってみる意欲と気持ちの〝一粒の種〟を、あなたの心にまいてください。そうして芽生えたら、だんだんと根づくように、まずは〝自分のために働く〟という自己表現ができることでしょう。私のモットーにしている「為《な》せば成る」の起爆力は、その気と心です。

平成2年1月21日号

問51 先輩の嫌がらせを我慢できない

半年ほど前から、同じ職場の先輩に仕事の邪魔《じゃま》をされたり、悪いうわさを流されたり、物を壊されたりしています。私には、嫌《いや》がらせを受ける原因をつくった覚えがありません。向こうは上司などに取り入るのがうまく、ひと筋縄ではいきませんが、もう我慢《がまん》できません。でも、大半の同僚は私が天理教を信仰していることを知っており、その先輩と事を構えると、〝お道の人〟のイメージを悪くするのではと心配です。お道の人らしい治め方を教えてください。（28歳・会社員）

回答……篠田欣吾《しのだきんご》 龍分教会長

すべての人がそうとは限りませんが、自己満足的なことも含めて、他人より抜きん出ているという思いや優越感を持ちたい部分が、多かれ少なかれ、どの人にもあるのだと思います。

ましてや、生存競争の激しい会社内であれば、なおさらのことでしょう。

人の邪魔をしたり陰口を言う場合のほとんどは、自らが認められたいとき、正当化したいときが多いようです。

相手が自分より能力的に劣っていると思っているときは、嫌がらせをする必要もないはず。世の中には、相手が自分より人格的にも能力的にも上だと思うとき、そんな卑劣《ひれつ》な行動に出るしかない人もいるのです。

あなた自身にそんな意識はなくとも、たぶん相手のほうには、あなたの存在が脅威《きょうい》なのではないでしょうか。

なんの覚えもないのに、そうした仕打ちを受けるということは、相手があなたを大きく見ているという証拠です。ある意味では喜ばしいことではありませんか。それを、相手と同じ土俵に乗って戦いを挑《いど》むことほど、ばかばかしいことはないと思いませんか。

相撲《すもう》の世界でも、十両と横綱が同じ土俵で組み合わされることはありません。もし、同じ土俵に乗ってしまったら、まわりの見る目は、どっちもどっちの力関係なんだと評価するに違いありません。

そういう心の使い方で人生に起きてくるさまざまなことに対処してゆくと、あなたの心に深いものができてきます。深い心、大きな根を育ててゆく人は、先々倒れることは決してありません。

生け花に使う切り花のような、一時は咲き誇っても時がたつと役に立たない、根のない草のようにならないでください。

そして、いかなる事柄でも、相手が大きく見えたときとは自分が小さいときです。そうしたら、自分がかわいそうでしょう。だから、自分を大きくしてくれる恩人なのです。その相手は。

平成13年7月22日号

問52 長女の結婚相手の親が猛反対

二十六歳になる長女のことです。大学時代の同級生と愛し合い、結婚の意志を固めていますが、相手の親が猛反対しています。私の家にも来て、体《てい》よく断られました。実は、私たち夫婦が結婚したときも、私の親が反対したのですが、逆にそれを励みとして、二人で力を合わせて頑張ってきました。しかし長女の場合、相手方も長男で、こんなに反対されてうまくいくのか不安でなりません。

（Y子・愛媛県）

回答……篠田欣吾《しのだきんご》 龍分教会長

結婚とは、まず本人同士の心、そして双方の親の心が一つになったときが理想であると聞かせていただきます。ところが相手の親の反対に遭《あ》って、どうも調和が取れていない。何かが不足しているようです。この不足分を言葉や態度で補《おぎな》おうとしても、あるいは、いかなる条件を出したとしても、相手は頑《がん》として受け入れてくださらないでしょう。

それならば、何をもって補ったらうまくいくのかというと、ずばり、娘さんの幸せを願うあなたたちご夫婦と、娘さんの徳積みということです。では、なぜ徳積みをしなければ治まらないのか、このことについて考えましょう。

文面にもありましたが、あなたたちが結婚された時点に戻ってみてください。親の反対を押しきって、それを機に励みとされて幸せな家庭を築かれたようですが、どんな励み方をされ、どこへ力を入れて励んできたのでしょうか。生活のうえに力を合わせたのか、それとも親を悲しませたから、親に安心を与えられるよう徳積みに力を入れて励んできたのか、それが問題なのです。

徳とは必要なとき、必要な形で返ってくる大切なものです。目に見えないだけに、おろそかにしがちです。また、徳積みにはかなりの努力が必要ですが、減らすことは簡単です。自分を中心に、周囲の思惑《おもわく》を気にせず、気随《きずい》気ままに通れば、減らすのに、そう時間はかからないでしょう。

人はいろいろな心遣いで、心の種をまきます。そして、やがては結実します。りんごの種をまけば、やがて素晴らしい実がみのります。このりんごの中には、外からは見えませんが、原因である種が入っているのです。二十数年前に親を悲しませながら結婚してまいた心の種が、種の改良をしないまま育ち、実を結んで、娘さんのうえに、いま結果として現れているとは思いませんか。最初に述べた不足している徳分。これを、いまからでも遅くありません、しっかり積んで、調和をつくり上げることです。

私の教会にも、同じような人が二組ありました。駆け落ちをした人もいます。けれども、徳積みをすることで、いまは娘さんも素晴らしい結婚をされました。また、相手が猛反対だった人も、教会を通じての徳積みの生活の中に不思議に解決した例もあります。

月の一割、三日間、娘さんともども、神様のご用に使っていただく心を定めてください。

平成4年8月23日号

問53　一人娘が嫁に行く

二十七歳の一人娘が、付き合っている男性と結婚したいと言い出しました。以前から娘には婿《むこ》をとって、家業を継いでほしいと思っていましたが、娘と相手の男性には、その気が全くない様子。頼れる親戚《しんせき》は近くにいないし、二人が予定している新居は遠く離れています。また、家の名前も私たちの代で途絶えれば、先祖に申し訳が立ちません。夫もそろそろ体力的に仕事をやめようかと考えていま す。年老いた母もおり、いったい誰に面倒を見てもらえばいいのか、途方に暮れるばかりです。たった一人の娘に見捨てられたようで、立ち直れません。

（58歳・主婦）

回答……谷本妙子《たにもとたえこ》 讃光分教会長夫人

二十七歳という、早からず遅からずの年齢で嫁ぐ娘さんを持たれたあなたは、なんとお幸せな方でしょう。世間には、もっと親元で暮らしてほしいと望んでも、十代で嫁ぐ娘や、三十路《みそじ》半ばを迎えた娘に嫁いでほしいと願っても、結婚に心が向かない娘を持つ母親などさまざまです。

ところで、親として子供の縁談で最も気がかりなのは、伴侶《はんりょ》となる方の人柄と、二人がたすけ合って親神様の思召《おぼしめし》に沿い、信仰を伝承してくれることではないでしょうか。親なりに、こうしたことの見極めができたら、「私たちのことは心配いらないヨ」と、娘さんが後ろ髪を引かれないように嫁がせたいものです。

私の叔母《おば》は八十歳近いのですが、一人娘はアメリカで暮らしています。叔母夫婦は、多忙な教会長夫妻をおもんぱかって、いそいそと教会のご用をつとめられ、他県に住む私にも近況を知らせてくれます。

随分前のことですが、私の婚家には祖母がいました。明治生まれの厳格な人で、十年共に生活し、八十三歳の時に心不全で突然出直しました。出直しの数日前、祖母は曾孫《ひまご》たちに「私が出直しても、あなたのお母さんを守ってあげる」と話していました。現在、私たち家族が結構にお連れ通りいただけるのも、祖霊《みたま》様の思いがいまなお生きているからだと信じています。

幸い、あなたにはお母さまが健在で、遠方でもお導きくださる教会があるのですから、親と名のつくすべての人々に喜んでいただくつとめ方を模索《もさく》されてはいかがでしょう。そうした年月を重ねる中で、娘さんも親となり、自分の親を思いやる成人ができてくるものです。人の姓は変わっても、命の流れはあなたから子、孫へと連綿と受け継がれていきます。「おさしづ」に、「案じあって勇む心はあろまい」（明治22年7月6日）とお教えいただきます。

巡る季節が咲かせる一輪の梅にも、人と同じ摂理が流れています。心静かに愛《め》でてみませんか。

平成13年2月18日号

問54　子宝に恵まれない娘が不憫

私の娘は結婚して九年になりますが、いまだに子供が授かりません。私は長男を授かってのち、五人の男の子を授かりましたが、難産や死産が続きました。その後、おぢばで「をびや許し」を頂き、安産で授かったのがこの娘です。私は、この娘が子宝に恵まれないのが不憫《ふびん》でなりません。一人だけでも授けていただきたく思い、毎日教会に足を運ばせていただいています。娘は信仰の心が薄いので、心配でなりません。どうしたら授けていただけるでしょうか。

（兵庫県・77歳）

回答……西和田《にしわだ》ヤスハ　天理学寮豊井ふるさと寮長

昔から子供は宝、子宝といいます。小さいころは、親に子供を育てる喜びを与えてくれ、大きくなれば親の力になってくれる。本当に子供は宝です。

娘さんが結婚されて九年。子供が授からなくて不憫でたまらないから心配されているとのこと、その親心、身に染《し》みて分かります。

男と女が結婚すれば、子供が生まれる。私たちは当然のことのように思っていますが、世の中には産みたくない人もいます。医学的にいくら治療しても、とうとう子供が授からなかったという夫婦もありますから、一概に子供がいないからといって、不幸であると決めつけるわけにはいきませんが、私の友人Kさんの話を参考にしていただければ幸《こう》甚《じん》です。

Kさんは関東地方に住んでおられますが、息子さんの結婚がなかなか決まらないので、どうかよいお嫁さんをお与えくださいと、自教会へのつくし・はこびに精いっぱい努めながら、毎月のおぢば帰りを心定めされました。仕事を持つ身のおぢば帰りは、なかなか大変だったと思いますが、毎月二十六日に近い土曜、日曜や休日を利用して、十余年間、毎月のおぢば帰りを続けられ、理想通りのお嫁さんが来てくれました。

親子三人の楽しい日が続きましたが、子供が授かりません。「親神様、どうぞ子供を授けてください」と、また毎月のおぢば帰りを続けられました。息子さん夫婦も、お母さんの旅費分をお供えしたり、駅まで送迎したりして協力されました。が、子宝は頂けません。

十三年がたちました。Kさんはもう、自分の孫をほしいという思いを断ち切って、人さまのお世話をさせていただこうと、知人の娘さんを連れておぢばへ帰り、をびや許しを頂くお世話をされました。

その夜、留守宅から電話がありました。何か変わったことでも起こったのかと、心配して電話に出たKさんの目から涙があふれました。子供を授かったのです。私も泣きました。二人は手を取って、うれし泣きに泣きました。月満ちて、かわいい坊やが生まれ、次の年、女の子も授かって五人家族となり、忙しく幸せな毎日です。

ある先生から先日、「自」という字は「みずから」とも「おのずから」とも読む。信仰は「みずから」求めるものであり、「おのずから」なってくるものではないとお聞かせいただき、「みずから」努力することの足りない私は、胸にズシンとこたえました。

娘さんご夫婦の幸せのために、お母さん、あなたが「みずから」親神様に尽くし運んでください。こんなにしているのにと思わないで、ひたすら真実を尽くしてください。

妊娠について、まず心定めをしてほしい娘さん側のお話は、また、いつかさせていただきましょう。

平成3年10月27日号

問55 4人目を妊娠、中絶したいが

三十五歳の主婦。修養科を了《お》え、神実様《かんざね》も祀《まつ》っています。一男二女に恵まれ、幸せに暮らしておりますが、四人目の子供を妊娠していることが分かりました。三人ならまだしも、四人目となると、将来の教育費や経済的なことを考えると不安で仕方がありません。もちろん、中絶をするということは、お道の信仰者としてふさわしくないことは十分承知しています。神様から授けていただいた命に対して、大きな罪を犯すようで、苦しい思いの毎日です。でも、自営業を営む夫に、これ以上経済的な負担はかけられません。子供が欲しくてできない人も大勢いるのに、申し訳ない気持ちでいっぱいですが、どうすればいいのでしょうか。

（E子・奈良県）

回答……篠田欣吾《しのだきんご》　龍分教会長

「おふでさき」を通して、親神様から「たいないゑやどしこむのも月日なり　むまれだすのも月日せわどり」（六号131）と教えられるように、妊娠や出産が人知の遠く及ばないことは、誰もが承知していることでしょう。

そしてあなたは、その大切な神からの授かりものを、人間のさまざまな都合で中絶することが決して良くないと承知しながらも、決断できずに苦しんでいるということは、本質を理解していないからではないでしょうか。

「ないせかいはじめよふとてこの月日　たん／＼心つくしたるゆへ」（六号85）、「月日よりたん／＼心つくしきり　そのゆへなるのにんけんである」（六号88）と仰せられるように、陽気ぐらしをさせたいうえから、元初《もとはじ》まりに当たっての、そしていまの私たちの姿に至るまでの、気の遠くなるような長い道中の親としてのお心遣いは、子供の側からは容易に理解できにくいことですが、よく考えればお分かりいただけると思います。

親神様だけがご存じである私たちの前生いんねんを見定めて、前生の親や恩人であった人を子として授け、ご恩報じの道を歩ませながら、親子ともどもに陽気ぐらしさせてやりたい親心。そして、親神様があなたを見込んで、ちょうどよい組み合わせを与えてくださった深い思いを考えてみてください。

元初まりからの命が脈々と今日まで続いてきて、あなたのおなかを母胎《ぼたい》として、いままさに親神様の長いご苦労の道中を、わずか十カ月に短縮して再現されているさなかではありませんか。

しかも、妊娠したあなたの体や全身の細胞は、受け入れ準備を始め、胎児の成長とともに刻々と変化しつつあるのです。

それなのに、ある日突然、外部の力によって中絶してしまったなら、それまで対応してきた全細胞は、大混乱を起こしてしまうでしょう。大切なかりものの体を不自然な状態にしてしまうばかりでなく、あなたの優しい心に、きっと深い陰りと、神の摂理に逆《さか》らった大きなほこりを残すことになるでしょう。

優生保護法の本来の意味をはき違え、どんな場合でも中絶が許されるという風潮は、悲しい限りです。経済状態をご心配のようですが、子供は必ず徳分を持って生まれ、その徳と親の心通りに育っていくものです。

一時的にせよ、悩み苦しんだことを親神様に詫《わ》びつつ、傷跡を残すより、将来大きな喜びにつながる出産をする決断を下すべきでしょう。

平成4年3月22日号

問56　妊娠中絶を、どうさんげすれば

二十九歳の主婦です。私は、以前に妊娠中絶をしたことがあります。もちろん、信仰的に好ましくないことは承知していましたが、いろいろな理由から夫とも話し合い、堕《お》ろしてしまったのです。水子供養《みずこくよう》をしているお寺などもありますが、天理教ではどのように思案し、さんげさせていただいたらよいでしょうか。このままでは、一歳の娘が病気になるのではないかと不安でなりません。

（M子・兵庫県）

回答……篠田欣吾《しのだきんご》　龍分教会長

前生のいんねんの組み合わせから、あなたの体を通して明るい表に出られるはずであ

った胎児が、日の目を見ることなく暗闇《くらやみ》に葬《ほうむ》られたとしたら、残念の思いと、すがる気持ちが残っても当たり前だと思います。親の都合で大切な命の芽を摘《つ》み取ってしまったなら、子供の都合で勝手をされる理が残っても仕方のないことです。

でも、僕は済んでしまったことを、とやかく言っているのではありません。これからのあなたの通り方が問題なのです。

第一に、縁もゆかりもないお寺に水子供養をしてもらうより、あなたの家が講社なら、そこの霊舎《みたまや》に霊を祀《まつ》らせていただくことです。講社でないのなら、会長さんに頼んで、教会の霊舎に祀っていただいてはどうですか。そしてお詫《わ》びをしていくのですが、ただ詫びるだけでは、さんげになりません。なぜかと言いますと、詫びるだけでは、あなたの心の不安が取れないからです。

第二には、この不安を取ることです。不安のままだと、先行きは必ず暗くなります。神様の望まれるさんげができたとき、人の心は不安から勇み、そして喜びへと変わるものです。心が晴れるまで心を定めていくのです。

難しいだろうから、具体的に言います。本当は生涯続けるのが一番なのですが、三年なら三年と日を限って、その間、人をたすける心を日々使って通ることです。人を生かす道を歩むのです。人をたすけるためには、自分の癖性分《くせしょうぶん》も捨てなければなりません。また、親のような思いで通らねば、人を抱えることもできません。

心定めは、神様との約束です。本気で約束を果たしますから、どうか私の心を受け取ってください、とお願いすれば、必ず神様が受け取ってくださるはずです。そして、その証拠に、あなたの心に晴れ晴れとした安心感がわいてくると思います。

もう一つは、教会の会長さんに相談して、会長さんの言われることを受けて通ることです。どの方法にせよ、あなたがいままでと違う通り方のできるよふぼくに育っていくことは間違いないでしょう。

堕胎《だたい》という、大きな事情ともいえる節《ふし》から、見事に芽を出してくださるなら、霊も、暗闇からきっとあなたへ声援を送る姿となって喜んでくれるのではないかと、そんな気がします。

平成4年5月3日号

問57 結婚相手の連れ子に受け入れられたい

結婚を考えている二歳年上の女性は、バツイチで十五歳の娘がいます。彼女は娘の賛成を得たいと思っており、何度か三人で会いました。しかし、分厚いバリアーがあるみたいで、取りつく島がありません。前の夫は経済力があり、娘には優しかったとか。実の親でも「難しい」という思春期の女の子に〝父親〟として受け入れられるには、どんな努力をすればいいでしょうか。

（38歳・会社員）

回答……古市俊郎《ふるいちとしろう》 福之泉分教会長、教育相談員

十五歳はもう一人前。観察力も鋭く、よく親を見ています。でも、母が再婚するかもしれない事態は、突然で初めての経験ですから、大混乱でしょう。理解を示し、割り切

ろうとする大人びた気持ちも、家族に起こる激変を回避したい気持ちも、当然あるでしょう。よく知らぬ男を父親とみなすことや、親としか見ていなかった自分の母の中に、一人の女性を発見することは、思春期の多感な娘さんにはどう振る舞えばいいか戸惑うことで、バリアーで守るのも当然でしょう。そのことを十分分かってあげてください。今後、あなたが結婚を考えた経緯や気持ちを熱心に説明すれば、娘さんは頭を働かせて理解してくれるかもしれません。しかし、肝心なのは、主体である心が動かねばなりません。

娘さんの心がその方向に動きだすためには、まずは好感を抱《いだ》いてもらうことです。一般的に、人が人に好意を感じやすい条件は、近くにいてよく知っていること、類似性や共通性があることです。遠くに離れている人より近くでよく会う人、考え方や態度が自分と違う人よりも、何か似ているなあと思う人に好意を感じやすいものです。事を焦《あせ》らずに会う機会を増やし、娘さんの気持ちに付き合おうと努めることでしょう。

さらに重要な条件は、人は好意を寄せてくれる人に対して好意を抱きやすいということとです。ですから、あなたが「困った娘だ」と、もし思っておられたら、好印象は当分得られません。娘さんの良いところも気に入らないところも丸ごと好きになれるよう努力してください。

あなたが女性を大切に思う気持ちと同じほど、心から娘さんをいとおしむことができたなら、もう立派な父親の資格ありです。あとのことは、母親と親神様にお任せしましょう。

この世界は、思い通りや願い通りにご守護が頂ける世界ではなくて、心通りに与えられる世界です。親神様に、ここまでの縁を与えられたことに感謝し、仲が良くて支え合う家族をつくろうとする心を目指してください。

平成15年6月1日号

問58　夫が不倫、結論を私に求める

二十九歳の主婦です。二カ月前から夫の様子がおかしかったので、問いただすと、職場の女性と不倫しているとのこと。仕事にも家庭にもまじめで、二人の子供にとっても良き父親でした。家を購入したばかりで、ローンも残っています。けれども、夫はその女性のことを愛していると言って、私に結論を求めてきます。お道では、こんなときでも妻が反省するようにと、よく聞かされますが、やはりそうなのでしょうか。
（K子）

回答……篠田欣吾《しのだきんご》　龍分教会長

常識で考えてみれば、勝手なことをし、その揚げ句に勝手な言い分をしているあなた

の夫が悪いに決まっています。

そんなとき、心ならずもというより、心に納得のいかないままに被害者意識を持つあなたが、無理やり反省を迫られたとしても、天理教に対する反発が出てくるぐらいが関の山でしょう。

事実、形だけにとらわれてみれば、相手の非に対して、こちらがお詫《わ》びするなんて、腹の立つこととこの上ありません。

「二つ一つが天の理」という教えがあります。よく耳にしていることでしょうから、ご承知とは思いますが、話し手と聞き手で会話が、売り手と買い手で商いが、というように、すべての物事は相反するもので一つに成り立っています。

そこでこの問題も、見えてきた結果だけでなしに、そうならざるを得なくなった原因についても考えてみる必要がありそうです。

結婚された当時のあなたたちご夫婦は、たぶん素晴らしい仲に相違なかったでしょう。そして子供たちに恵まれ、家庭も一段落してくると、慣れが出てきます。

その慣れとは、こういうことです。夫婦であることを忘れ、新婚時代の甘いだけの愛から、尊敬し合い、別な形の愛をつくり出す努力を怠《おこた》ったため、夫は仕事中心と子供たちへの親としての本能的な慈《いつく》しみで毎日が過ぎる。あなたはあなたで、これも母性の本能で仕方のないことでしょうが、夫より子供中心の生活になってしまっていませんでしたか。

男性はある意味では、いくつになっても甘えん坊のところがある人が多いものです。そして単純さは、おしなべて女性の比ではありません。もう一つ、男性の生殖器の機能から見ても、立てられて役に立つ部分も大なのです。

それを、夫婦生活の慣れから、時には甘やかすことの大切さを忘れ、オアシスを求めて帰る夫より、子供たちに心を掛けるあなたの姿に、物足りなさを感じてしまったらどうでしょう。

少し遊び心のある男性なら適当に切り抜けるこの場も、まじめ一方の人が、それを満たしてくれる人に出会ったら、一気に熱が上がってしまいます。

でも心配いりません。あなたは大地です。いまは天である夫から、雨が降っている時期です。やがて晴れが巡ります。

夫も地に足が着いていなければ、素晴らしい人生は歩めません。あなたの考え方が、本当の大地になるときに戻ってくるでしょう。

そういう面での反省ならば、いかがでしょう。

女性のためにひと言。「天晴地明」という言葉を聞いたことがあります。大地（地球）は自ら光る星ではないのです。天が光を与えることによって、すべてを生み出すことができます。大地である女性を光らすのは、まず夫の光る一点が必要です。この点は、夫も大いに反省すべきだとは思っています。

平成7年4月23日号

問59 夫からの暴力に悩む娘

二女は結婚して三年。子供は一人いますが、夫に暴力を振るわれ困っています。最初から感じが良くない人で、私は結婚に反対したのですが、二人の仲は深まる一方で、押しきられてしまいました。また、娘には結婚前に修養科に入るように勧めたのですが、それも聞かずじまいでした。彼の父親も妻に暴力を振るい、ひどい仕打ちをしたので妻が逃げ出し、残された子供がその夫です。「あなたたちにも子供がいることだし、暴力をやめて親子三人仲良く暮らしてほしい」と私が何度頼んでも、一向に聞き入れてくれません。

（A子）

回答……西和田《にしわだ》ヤスハ　天理学寮豊井ふるさと寮長

あなたは最初から彼を感じの良くない人と思って、二人の結婚に反対されていますから、娘婿《むこ》さんも、あなたのことを感じの悪い親だと思っておられることでしょうね。

親の反対を押しきって結婚された娘さんも、何か事あるごとに「この人にはこんな欠点がある。だから親が反対したんだわ」とか、「この人のこんなところは嫌《いや》だ」などと、さめた目で見るようになり、子供さんも、お母さんやおばあちゃんと同じ冷たい目でお父さんを見たり、おびえたりするでしょう。

そうなると、お父さんは孤立無援。無性に腹が立ち、手当たり次第に物を投げたり、お酒を飲んで暴れたり……。それが現在の姿なのでしょう。暴力を振るう悪い婿だと言われても、彼は彼なりに悲しいのです。ましてや「お父さんが暴力を振るって離婚して残された子供だから」などとレッテルを張られては、彼の立つ瀬がありません。

『稿本天理教教祖伝逸話篇《いつわへん》』三二に「女房の口一つ」というお話があり、教祖《おやさま》は、

「どんな男でも、女房の口次第やで。人から、阿呆《あほう》やと、言われるような男でも、家にかえって、女房が、貴方《あなた》おかえりなさい。と、丁寧《ていねい》に扱えば、世間の人も、わし等《ら》は、阿呆と言うけれども、女房が、ああやって、丁寧に扱っているところを見ると、あら偉いのやなあ、と言うやろう。亭主の偉くなるのも、阿呆になるのも、女房の口一つやで」と、女房の口一つで亭主を偉くすることができるとお教えくださっています。

あなたもどうぞ、娘婿さんの良いところを見つけて、ほめてあげてください。悪いところの文句ばかり言っても何にもなりません。

あなたは娘さんやお婿さんが、自分の言うことを聞いてくれないと言われますが、私は以前に、ある先生から、次のように教えていただきました。

この人はこうしなければたすからないと思って、真剣にお話ししても、聞いてもらえず不幸になってしまう。「あのとき私の言うことを聞かなかったから」と相手をなじっても、相手の不幸は深まり、自分の悲しみも増すばかり。こんなときはどうすればいいのか。相手も不徳者、自分も不徳者では、話は聞いてもらえない。自分が成人して徳を積んでから話をすれば、相手はきっと聞いてくださり、幸せになってくれる。まず、自分が徳を積むことが大切だ、と。

あなた自身がまず修養科に入り、娘さんやお婿さんが、あなたの言うことを聞いてくれるだけの徳を積んでください。

娘婿さんの感じが悪い、育った環境が悪いという先入観を捨て、自分の息子だと思って、娘さん一家を温かく見守ってあげてください。その〝心〟を、あなたからつくってください。

平成5年7月25日号

問60　婿養子の夫と両親の不仲

結婚して十五年。一男一女に恵まれていますが、ただ一つの気がかりは、婿《むこ》養子である夫と両親の間がしっくりいっておらず、とうとう両親が家を出てしまったことです。夫は勝手に出て行ったと言いますが、両親にしてみれば、自分たちがいるために夫が不足を言っては私に当たり、生活が乱れている姿を見たくないと言います。夫も親も同様に大切で、私としては心苦しい毎日です。私たち夫婦、両親の四人とも修養科を修了しています。

（34歳・主婦）

回答……辻《つじ》　茂《しげる》　十津川分教会長

身につまされる深刻な問題です。親を大事にしなければならないのは、この道を通る者ならば誰でも知っていることです。だからといって、夫を見捨ててまでも、というわけにはいかないのが、今回の問題の深刻なところです。夫婦もまた、大切だからです。

親をとるために夫婦別れをしてもよいというわけにはいきません。お道では、夫婦の大切さも親孝行と同じほどの重さでお聞かせいただいております。あちらを立てればこちらが立たず。どちらも大切であることから、心底困っているご様子が文面から伝わってまいります。

以前、若いご婦人から「夫は好きなのですが、姑《しゅうとめ》さんとどうしても合わないので離婚しようと思っている」と相談を受けたことがあります。「夫を愛しているのなら、別れることはないではないか」と言うと、「こうするしかない、もう一日も我慢《がまん》できない」と泣くのです。結局、この夫婦は離婚寸前のところで仲人《なこうど》が間に入って、お姑さん・お嫁さん双方と話し合い、若夫婦が近くのアパートに別居することで解決しました。

あなたの場合は、両親のほうが出て行ったのですから、事はもっと深刻です。でも、やはり一番先にやるべきは、徹底的に話し合ってみることです。お互いに誤解もあるかもしれません。また、仲人か第三者に間に入ってもらうことも良い方法かもしれません。いんねんあって夫婦になったのだから、決して夫のことを悪く言ってはなりません。夫の姿は、あなたの姿でもあるのです。

そして、私たちが忘れてならないのは、信仰的に解決することです。今回の相談を受けていろいろ思案させていただいたとき、「なさけないとのよにしやんしたとても　人をたすける心ないので」（おふでさき　十二号90）というおうたが浮かんでまいりました。

難儀したときは、人だすけをすることです。明日《あす》から早速、パンフレットを持って（別に持たなくても、にをいがけはできますが）出かけてみてはいかがですか。人間でどうしようもない問題は、親神様に解決をお願いするしかないでしょう。こちらの真実を親神様が受け取ってくださったら、親神様は必ずお働きくださいます。

なんぎするのもこゝろから　わがみうらみであるほどに
（みかぐらうた　十下り目七ッ）

平成6年7月3日号

問61 まじめな夫だが子育てに関心薄い

四十五歳になる夫のことで相談します。私たちは見合い結婚をして十五年になります。夫はごく普通の会社員で、まじめに働き、給料も全額を私に渡してくれます。しかし、中学生と小学生の娘の子育てには関心がなさ過ぎるのです。大学を出ているのに「おれが変に教えたら先生が困る」と宿題を見ようとしないし、私が塾や習い事などの相談をしても「おまえに任せた」と言うだけ。この夏休みも、自分の実家まで子供たちを車で送り迎えしただけで、プールにさえ一緒に行こうとしませんでした。娘たちも難しい年ごろが近づき、父親にしかできないことがあると思うのですが、どうしたら夫の目を娘たちのほうに向けることができるのでしょうか。

（42歳・よふぼく・主婦）

回答……西村《にしむら》 富《とみ》 一筋分教会前会長夫人

「夫はごく普通の会社員で、まじめに働き、給料も全額を私に渡してくれます」。ありがたいですね。結婚して十五年、あなたにとって、それが当たり前になっていませんか。

人と人のかかわりの中で常に言えることは、相手に変わってもらいたいと思うなら、先に自分が変わることが大切で、早道でもあります。

そこで、まず夫のありがたさを再認識してください。そして何事につけても、お父さんのありがたさを娘さんたちに話してください。また、娘さんにかかわる日常のさまざまな出来事については「お父さんに聞いてからね」と保留して、あなたから夫に相談しましょう。そして「おまえに任せた」と言われたら、あなたは夫に信頼されていると思い、自信を持って事の処理をし、その報告もしましょう。要するに、その場にいなくとも、話し合いの中には、いつもお父さんにいてもらうのです。

娘さんたちは、これから先、進学・就職・結婚と、さまざまな人生の節目《ふしめ》を越えていくうえから、いざというときにお父さんの存在はとても大切です。そのとき確かな指針を出してもらえるよう、お父さんの居場所をつくっておいてください。また、そろそろ思春期を迎える娘と父親が直接相対するのは、父親にとっても、娘にとっても難しい面があるかと思いますので、女性の先輩であるお母さんの存在がとても大切です。

親神様は、私たち女性に「つなぎ」の特性をお与えくださいました。父親と娘の間にしっかりした絆《きずな》ができるよう、温かい気持ちと優しい言葉でつないでください。

それから大切なことは、「娘、娘」と子供のことばかりに目を向けるより、夫婦が仲良くすること、そして子供たちの祖父母にも心をつなぐよう努めることです。夫婦が円満でしっかりしていれば、子供は心身とも健《すこ》やかに育ちます。

男性と女性は「女松《めまつ》男松《おまつ》の隔てない」とお教えいただく通り、人としては全く平等ですが、それぞれの特性ははっきり異なっています。お互いに、その特性が生かされるよう、まずあなたから努力してくださることを重ねてお願いします。

平成12年9月3日号

問62 夫が食べ物に不足ばかり

結婚して二十七年、子供は二人です。夫が食事のたびに食べ物にけちをつけ、台所の細かい所まで見て、切り方が悪いなどと大声で怒鳴《どな》りつけます。子供たちと和やかに食べているときでも、私の悪口を言います。私が少しでも言い訳をすると、ますます怒るので謝《あやま》っていますが、我慢《がまん》の限界です。私は夫や子供たちのために一生懸命やってきたし、人に喜んでもらおうと努力してきました。私の言うことなすことすべてを不足に思い、不満を募《つの》らせるのはどうしてでしょうか。

（A子・千葉県）

回答……天満益信《てんまますのぶ》 首府分教会長

私が四十代のころであったと思います。ある先生の講演を聴きました。「何十億の人間の中から、日に見えない赤い糸で結び合わされた二人がやがて成人し、結ばれたのが夫婦です。親や親戚《しんせき》が反対しても、無理やりに赤い糸をたぐり結婚しようとします。そうして結ばれた二人でも、やがて〝こんなはずではなかった〟と悲劇に終わる人も大勢います。神様が『おまえとおまえはちょうどいい』と結んでくださったにもかかわらず、です。

奥さんが小言を聞かせてくれる。聞き終わってから『おまえは私にちょうどいい』と言う。夫が小言を言う。『あなたは私にちょうどいい』と。ちょうどいい者同士が夫婦になっているのです。

結婚したてのころには『愛してる』と言い合っていた夫婦でも、結婚して何年もたてば、『愛してる』の『ア』の字も口から出なくなる。口では偉そうに言っても、そのくせ心の中で一番思っているのは、お互いのことなのです。きょう家に帰ったら、真っ先に思いきって『おまえ、愛してる』と言おう」と。

「なるほど」と思いました。「愛してる」などの言葉は、長い間忘れていました。むしろ、「おれだから辛抱して、おまえと一緒にいてやるのだ」ぐらいの気持ちになっていた私でした。きょうは「愛してる」と言おうと思い、玄関に入りました。でも、「ただいま」のあとのひと言がなかなか言えない。二十年以上も忘れていた言葉ですから……。寝る前になってやっと、台所で片づけをしている家内の背中に、小さな声で「おまえ、愛してる」と言いました。そのとき、家内は何と言ったと思いますか。即座に「気持ち悪い」ですって。こんな夫婦が私たちでした。

あなたの文面から推察いたしますと、信仰のある方だと思います。私たちは神様から「心一つが我《わ》がのもの」と、心の自由を許されています。どうにでもなる心でも、なかなか自分の思うようにはいかぬものです。食べ物に喜びの思いを持つのも我が心であり、不足の思いを持つのも我が心です。不足する夫でも、我が心の持ち方一つで喜べる夫へと変えることができます。あなたが成人するだけ、夫も成人してくれます。まず、あなたが成人することです。

そのうえから、教会へ日参なさってはいかがかと思います。教会への往復、神様の前に座る間、あなたの心は晴れています。教会が遠ければ、手紙でも日参できます。神様に近づく努力をさせていただくことが、成人の一歩と考えます。そして、あなたが成人しただけ、夫もきっと成人してくださいます。教会への日参をお勧めし、ご家族の幸せを祈ります。

平成4年1月12日号

問63 中間管理職のストレスに悩む夫

主人は、もともと胃腸が弱く神経質なほうです。職場では係長ですが、こうした性質のうえに夜中まで残業することが多く、朝は早いので、ストレスがたまっている様子です。上司と部下の間に立って仕事をやりくりするのに、かなりの神経を使うようで、時々「会社に行きたくない」とこぼします。私はただ、話を聞いて慰めるしかありません。昨年、自宅を新築したばかりで、職場を変わることもできず悩んでいます。ちなみに、主人は無神論者です。（33歳・兵庫県・三児の母）

回答……駒井茂春《こまいしげはる》 株式会社ダスキン代表取締役社長、照道布教所長

こういう悩みは、何も特殊な例ではありません。サラリーマン社会ではありがちな現

象です。私も、このような人に何人も接したことがあります。

管理社会には二つのタイプの人間がいると思います。一つはプラス発想を持っている人で、勇み心でどんなことでも喜べる人。もう一つはその逆で、どんなことにも不足不満がちで喜べない人です。この方のようにストレスがたまる人は、私の体験では、ほとんど例外なくエゴイストです。自分のことしか考えない。それを、ちょっと発想を変えて、自分を二の次にして人さまのお役に立とうという気持ちに切り替わったら、途端にその人の人生が変わるんです。

大切なのは、環境を変えるのではなく、心を変えること。この方には、喜ばなければいけないことがいっぱいある。職場でしかるべき管理職につかせてもらっている。夜中まで残業するほどの仕事を与えられている。しかも、大勢の部下を使って、その人たちの人生に影響を与えられる立場にある。かつては夢のように思った自宅も新築されている。ちょっと数えただけでも、これだけ喜べることがあるんです。にもかかわらずストレスがたまるのは、喜びが足りなすぎるからです。

これは、奥さんについても言えることです。あなたは喜べないことばかりを強調していますね。むしろ、ご主人が不満をこぼしたら、「あなた、何言ってるのよ。こんなに喜べることがあるじゃないの」と励まし、やる気を起こさせてあげるのが大切なんです。

いまの状態は、ご主人の不満が奥さんの不満になり、また奥さんの不満がご主人の不満になるというような、マイナスの分け合いになっている。この悪循環をどこかで断ち切らねばなりません。それができるのはあなた、奥さんです。どの程度の信仰をお持ちかは分かりませんが、もっと感謝を見いだし、もっと勇んだ気持ちになって、ご主人を勇ませる奥さんにならなければいけません。

信仰している人が「主人は無神論者です」などと言うのではなく、ご主人に信仰がないなら、むしろ信仰の喜びを分かち合っていくことこそ、信仰者のつとめではないでしょうか。あなたも三児の母なら、ご主人と十年前後は連れ添っているわけですから、これまで、信仰によってどんな影響をご主人に与えてきたか、考え直してみてください。

この悩みから脱出する道は信仰しかありません。そのために、あなたが心からの信仰をさせてもらうという気持ちになれば、きっとご主人も変わります。「明るさ暗さは紙一重」。善《よ》い循環に切り替わるかどうかは、心の持ち方一つ、紙一重です。

昔から「一隅《いちぐう》を照らす者は幸いなり」と言います。あなたが感謝と勇み心で、家庭という一隅を照らしてください。それによって、苦労は苦労でも、不足ではなく徳を積む勇んだ苦労に切り替わってくるはずです。そのとき、無神論者のご主人に、信仰のあかしを悟っていただけるのではないでしょうか。

平成２年６月17日号

問64　夫の転勤先について行くべきか

名古屋に住む三十三歳の主婦です。主人と二人の子供、そして七十歳になる主人の母親と同居していますが、会社から主人に「四国にある支社に行ってくれないか？」と打診がありました。主人は単身赴任《ふにん》も考えており、「おまえの意見も尊重しよう」と言ってくれます。断れば出世にもかかわるでしょうし、姑《しゅうとめ》は「いまさら遠くへ行きたくない」と言います。子供の学校の問題もありますし、姑一人を残していくのも気がかりです。どうすればいいでしょうか。

回答……田村一二《たむらいちじ》　社会福祉法人「大木会」理事、みちのはな布教所長

家族が別れて住むということは、つらく、寂しいことです。しかし、現実の問題とし

て、いまの日本では、こういう形をとらぬとやっていけぬ経済界の事情もあるようですし、その会社のおかげで一家も生計が立っているのですから、やっぱり辛抱せねばならんでしょう。しかし、あなたの問いを読んで私がうれしかったのは、あなたのご主人の「おまえの意見も尊重しよう」という言葉です。たった十二文字の表現ですが、あなた方ご夫婦の仲の良さが、私を温かく包んでくれ、「いいご夫婦だなあ」と心の中でつぶやきました。まあ、仲のいい夫婦でなければ、こんな「問いかけ」は出てこないでしょうね。仲が悪ければ「ああ、せいせいした。せいぜい長いこと、単身赴任を続けてくれ」ぐらい言うかもしれません。

夫婦の組み合わせ段階が三つあります。やっぱりあなた方夫婦は、その一番上の「花には蝶《ちょう》」でしょう。二番が「砂糖にはアリ」です。三番が「クソにはハエ」です。これをお読みの方々、それぞれ胸にでも頭にでも手を当て、「そうすると、うちは砂糖にはアリかなあ」とか、「やっぱりオレんとこはクソにはハエだなあ」とか考えてみてくださってもよろしい。ただし、これは姿形や持ち物ではなく、人間そのものの精神性のことです。

さて、それではこの問題は、どうしたらよいでしょう。

まずご主人、これはご主人の仕事ですし、仕事は男の命ですから、当然、赴任しなくてはならんでしょう。おばあちゃんは「行きたくない」。これは年寄りならそうなるでしょうし、おばあちゃんの意見を尊重すべきでしょう。おばあちゃんが残れば、あなたも一緒にいなければならんでしょうし、子供さんも学校の問題がありますから、なるべく変わらぬほうがよいと思います。

私は子供の時分、おやじさんが「宿替《やど》え症」とでも言えるほど転宅が好きで、子供なりにずいぶん苦労しました。転校ということは、大人が考えるほど子供にとって楽なものではありません。おふくろが、度重なる転宅に疲れて、荒縄《あらなわ》のかかった荷物の陰で、しくしくと泣いている姿を見たときは、本当に「くそおやじ」と腹が立ちました。

しかし、いまになって考えると、子供の時分の転校の苦労にも、人生経験のうえで何かプラスになっているものがあったことが、いまごろはっきりと分かってきました。けれども、一般的に言うと、特に子供が小さいころは、母親と離れないほうがよいと思います。少し大きくなると、「孤独の鍛《きた》え」もいりますが。

それと、おばあちゃんを大事にしなければいけません。「親元根本、子は梢《こずえ》」といわれるように、根を大事にしなければ、幹も枝も梢も枯れてしまいます。この際は、おばあちゃんの意見を大事にして、あなたも子供さんも名古屋にとどまって、ご主人をお待ちになったほうがよいのではないかと思います。そして、時々帰宅されるご主人を、おばあちゃんや子供さんがどんなに喜んで迎えられるか。まあ、一番うれしいのはあなたでしょうが。「離れればなお募《つの》る思いかな」で、夫婦仲は一段と濃くなるのではありませんか。

なんだか書いているこっちが、だんだんあほらしゅうなってきましたが、「親元根本」、おばあちゃんを大事にして、おばあちゃんの楽しい姿、子供の元気な様子を時々、手紙に書き、写真も入れて、ご主人に送ってあげるのが楽しみになったとき、「別離」もまた「つながりの一つ」ということが分かります。

昭和61年3月16日号

問65 義母が子供たちにぜいたくを教える

近所で独り暮らしをしている義母が、小学三年生と一年生の息子、幼稚園の娘に、多額の小遣いを与えたり、むやみに物を買い与えたりします。子供たちはぜいたくに慣れ、わがままで物を大切にしなくなりました。いままでは義母に懐《なつ》いて、親の言うことを聞きません。私たち夫婦の目指す、教えに基づいた教育方針を乱すようなことはやめてほしいのですが、信仰のない義母には理解されません。子供たちに慎みと感謝の気持ちを仕込むには、どうすればよいでしょうか。

（38歳・よふぼく）

回答……西村《にしむら》 富《とみ》 一筋分教会前会長夫人

子供を「慎みと感謝の気持ちで物を大切にする人に育てたい」という教育方針を持っておられることは、とても大切で素晴らしいことと思います。しかし、近所に住むおばあちゃんに懐いて、子供が親の言うことを聞かなくなって困っておられるとのこと。孫の世話はなかなか大変なのに、お義母《かあ》さんはお元気ですね。たぶん、いままでにいろいろお世話になったことと想像します。ここで一度、お義母さんの立場になって考えてみてください。

子供を育て独立させて、長年連れ添った夫を送り、いま、独り暮らしになったお義母さんの気持ちは、達成感より喪失感《そうしつ》のほうが強いのではないかと思います。孫たちを愛して、孫たちからも懐かれていることは、現在のお義母さんにとって何よりの幸せではないでしょうか。

そこで、お義母さんのやり方を変えてもらおうと思うより、自分たちの子育てを再点検してみませんか。失礼ですが、たぶん、忙しさにかまけて丁寧《ていねい》な子育てができていないのではないでしょうか。たとえば、休みの日に、お父さんが子供と一緒に遊ぶ。それもお金を使わずに、何かを作ったり、運動したり、お父さんとでなければできない楽しい遊びがあると思います。

また、日ごろは何かにつけて「早く早く、あれしなさい、これしなさい」と子供を急《せ》かせがちなお母さんも、時にはゆったりと子供の話を聞いたり、折り紙やお絵かきをして遊んであげてください。厳しく忙しくなりがちな親のテンポから、おばあちゃんのゆるやかなテンポの世界へ逃《のが》れていた子供たちも、ほっとして帰ってくると思います。

教祖《おやさま》は「かとう、やわらこう」と教えてくださったと聞かせていただきます。この世の中のものはすべて、水と火のご守護を基本に育ち、生かされています。つまり、理と情のバランスが大切です。子供たちにとって、いま、おばあちゃんから受ける愛情がぜいたくに思えても、いつまでも続くとは思えませんし、持っていきようで、心を豊かにする良い経験になるのではないかと思います。

平成13年8月19日号

問66 途中同居の嫁とうまくいかない

一年前、長男の転勤をきっかけに長男家族との同居生活が始まりました。孫へのしつけがあまりにも厳しく、泣き声を聞かない日はないほどですが、私が少しでも横から口を出そうものなら、「甘やかさないでください」「抱き癖《ぐせ》はつけないでください」と嫁にきつく叱《しか》られます。長男は仕事が忙しく、夜遅くにしか戻りません。こんなことなら同居しなければよかった、一人で暮らしていたほうが気楽だったと何度考えたことか分かりません。先日、嫁に三人目が宿ったのですが、おなかを打って流産してしまいました。その流産も、私と同居して気を使ったせいと、人からうわさされています。独り暮らしに戻ったほうがいいのか、たんのうの心でこのまま同居を続けるべきか、お教えください。

（T子・岡山県）

回答……天満益信《てんまますのぶ》　首府分教会長

結婚すれば別居が当たり前。親と同居します、と言えば、「家賃がたすかるからね」と言われるご時世です。「嫁をもらって楽《らく》しよと思った。楽でござらぬ苦でござる」という歌がありますが、姑《しゅうとめ》の素直な思いを表した言葉だと思います。

私の町内でも親子同居は非常に少なくなりました。かつて、町内のお年寄りの同居を調べたことがあります。親との同居家族が三十四組ありました。このうちの三十組が娘との同居、そのすべてが途中同居で、現在の同居家族の実態を見たように思いました。

いまでは息子夫婦と暮らせる人は、それだけで希少価値といえるでしょう。あなたは息子さんと同居されている由《よし》、素晴らしいことだと思います。現在は核家族、夫婦と子供の幸せを願う生活の時代です。子供の教育には特に気を使い、将来は人並み以上に出世してほしいと願います。親として当然のことでしょう。が、自分の親の存在には案外無頓着《むとんちゃく》なのではないでしょうか。私は古い人間かもしれませんが、親に孝心を尽くす中に、子供に孝心を返してもらえる道があると信じています。

端的に申します。あなたは結婚されてから、ご主人の親と同居しておられましたか。嫁の苦労をされた方なら、姑との問題はよくお分かりのことと思います。私も息子夫婦と同居しております。まだ日は浅いのですが、少しは分かるつもりです。あなたは随分悩んでおられるようですが、仮に別居したら再び同居することは困難でしょう。せっかく同居されたいま、少なくとも三年は続けてみてはいかがでしょう。そのうえで結論を出しても遅くはないと思います。と申しましても、思案に暮れるあなたにとって、現在の思いを変えるのは大変なことでしょう。

岡山県にお住まいとのことですが、近くの集会所や公園に行かれると、お年寄りがおられます。そこで話しかけてごらんなさい。身の上話を聞かせてくれるでしょう。その相談に乗ってあげてください。他人のことで悩み、一生懸命になるうちに、私は幸せだと必ず思えるようになります。人さまに話す言葉の一つひとつが、不思議と自分の心に治まるものです。人さまをたすけさせていただく姿の中に、自分が喜ばせていただけるのです。

私の母が、私と家内の手を握って、いつも「ありがとう」と申します。母から見て家内は、気に入らぬところばかりでしょう。家内がよくできているからではなくて、母が人さまのお世話（おたすけ）をさせていただくうちに、わが身の幸せを見いだして出てくる言葉だと思うのです。あなたも外に出ましょう。そして、人さまの相談相手になりましょう。

平成4年3月15日号

問67 老化が進み息子の事業も経営難に

七十四歳の主婦です。信仰について二十五年。修養科、教会長資格検定講習会も了《お》えましたが、日々を喜んで送ろうと思っても、自律神経失調症のため体は思うようにいきません。主人が出直して五年。二男が事業を継いで、初めはよかったのですが、三年ほど前から経営がうまくいかず死に物狂いです。長男と三男も途中入社しましたが、三男は今年二月に転職しました。長男は学を身につけており、お互いに不足ばかりでうまくいっていません。息子も私も教会にはたびたび足を運んで、会長さんにもいろいろ相談しております。七十四歳にもなれば老化は進み、肉体的、そして経済的にもつらい毎日です。残る人生をいかにしたらよいのか、ご指導をお願いいいたします。

(函館《はこだて》の一信者より)

回答……田村一二《たむらいちじ》 社会福祉法人「大木会」理事、みちのはな布教所長

あなたはご病気。長男さんは学も身につけておられますが、お互いに不足ばかり。お互いというのは、お嫁さんのことでしょうか。二男さん夫婦は経営がうまくいかず、死に物狂いになっておられる。三男さんは転職。これは、まあえらいことで、何かしら、つらいことや苦しいことや不足が、お宅を集中攻撃しているような気がします。さぞや、おつらいことであろうと、お察しいたします。

そこで、私の若いころの経験をお伝えしてみます。それは「つらい、つらい」と言い続けていると「つらい」が呼ばれたと思ってやって来るぞ、「苦しい、苦しい」と言っていると「苦しい」がやって来るぞ、ということを先輩から聞かされたことです。

そのときは、そんなばかなことがあるものか、いいかげんなことを言うやつだと腹を立てましたが、その後、年もとり、いろいろな経験をしてみると、まんざらでたらめでもないなと思うようになりました。

実際、つらいつらいと思っていると、だんだんつらくなってくるし、なあに、つらいもんか、これくらいのことでへたばってどうする、これは楽しいことなのだ、頑張っていると楽しくなるのだ、楽しい楽しい、と思っていると、不思議に楽しくなってくるのです。

これは、一種の「自己暗示」の現象なのでしょうが、単に暗示だけでなく、体内の生理機構も活発に働き始めて、いままでできなかったことが、でき始める。そうなると、うれしいので、意欲も力も出てくるというわけでしょう。

それと、皆さん、お道の方のようですから、ご存じのことと思いますが、結局は「人をたすけてわが身たすかる」でしょう。

方法は千差万別でしょうが、目的は、いろんな形で困っておられる方に少しでも楽に、少しでも明るくなっていただけるように、皆さんで力を合わせて努力をされることが、いまのあなたのご家族を救うのに大事な方法ではなかろうかと、私は考えます。

昭和61年12月21日号

問68 妻の出直し後、家族から厄介者扱い

昨年、妻が突然に出直しました。以来、同居している長男家族が「働き者だったお母さんに比べて、お父さんは邪魔《じゃま》なだけ」と私を厄介者《やっかいもの》扱いします。妻の出直しと家族の仕打ちに二重のショックを受けています。支えであった妻を失い、家族から疎《うと》まれ、自分が何の役にも立たない、誰からも必要とされない存在に思え、気持ちが沈んでいます。

（72歳・男性）

回答……篠田欣吾《しのだきんご》　龍分教会長

五十代で身上から入信されたとのことですが、文面を拝見していますと、二十年近く信仰の道を通られたという割には、形のうえはともあれ、心の動きについては、まだ入

り口でとどまっておられるような感じを受けました。

私たちは人生を歩んでいる最中に、いかに信仰熱心であっても、身上や事情はついて回るものです。

身上・事情は、人間の親である親神様が与えてくださるのです。親が、かわいい子供に節を与えられるのは、これを機に一歩、二歩と前進し、人生をよりよく生きてもらいたいという親心にほかならないのは、ご存じのことでしょう。

世間では、こうした節《ふし》から挫折《ざせつ》したり道を誤ったりしますが、私たちの信ずるこの道は、むしろ逆です。節のたびごとに勇み立って、また歩みだすのです。そのためには、神様の思いを知らねばなりません。

いま、あなたは自らのこと、立場だけを考えて、内に向けて何かをつかもうとしています。そんなときは、逆にはじき出されてしまうものです。「誰からも必要とされない存在と思える」とありますが、実はいまが、この事情こそが、神様からの「まちかね」「よふむき」というお手入れなのです。教会を通して、自分以外の外の方向へ力を入れていただきたい。そして、そのことを通して、あなたにいままで味わったことのない心の感動と勇みを、いきいきと生きる心の動きを味わってもらいたいという、神様の大きな愛情に気づいていただきたいのです。

自分のことばかり考え、過ぎたことをくよくよしたりするのは、人生を後戻りするようなものです。それでは、前向きに歩いてくる若い息子夫婦とぶつかってしまいます。

今度は、形だけ、それも年に数回、所属教会に参拝するという信仰の段階から一歩踏み出し、あなたにもするべきご用があることを知りましょう。教会へも積極的に足を運び、いまの自分にできる神様のご用を会長さんに教えていただいて歩むことです。

心を前向きに持って歩みだせば、息子夫婦に〝背中を見せる〟生き方になります。そして、その背中に必ず後からついてきてくれます。家の中でも、形のうえで役立つことより、心の光を放てる存在になれば、誰だってその光を求めたくなるものですよ。

平成14年10月27日号

問69 独り暮らしの母と同居を考えているが

母が田舎で独り暮らしをしています。八十歳近くなったので、一緒に暮らしたいとは思うのですが、母は長く暮らした土地から離れるのは嫌《いや》だと言うし、私の妻とも仲がいいわけではありません。身の回りのことができるうちはいいのですが、そうでなくなってから同居するのは、ますます難しいだろうと思います。母は「一人が気兼ねなくていい。いよいよになったら老人ホームに入れてもらう」と言っていますが、このまま時を過ごしてよいものでしょうか。（45歳・会社員）

回答……谷本妙子《たにもとたえこ》　讃光分教会長夫人

人生の分岐点として、悩み、越えていかねばならない問題の一つだと思いますが、考えてみれば、母あればこそ生じる悩みと受けとめると、これも幸せなことであります。

さて、あなたと全く同じ状況を打開された人の例を、ご参考までに。

K婦人は、隣県に住む息子さんから、「もう年だから」と同居を望まれました。Kさんは、盆と正月の三日間ずつぐらいを息子さんの家で過ごしてみた経験から、「家事はさせてもらえないし、知人の一人もいない所で、テレビ相手の暮らしは三日間でもごめん！」と言い、次のような思いを息子さんに伝えたそうです。

「同居しても、病気になったら病院行き。いまの所にいれば、入院しても毎日、会長さんや奥さんにおさづけを取り次ぎに来てもらえるし、話もできる。遠い所で入院すると、忙しい会長さんに会えるのは月に一、二回。そう思うと、知らぬ土地へ行って気兼ねするより、時期を見て老人ホームに入るから、その時は会いに来なさい」と。

これを家族も了承し、教会側も合鍵《あいかぎ》を持ったり電話連絡を万全にして、九十歳近くまで、いきいきと独居生活をされました。そして数年前にホームに入居し、九十二歳の今日に至っています。いまでも祭典日の前後には教会に泊まってくださり、手にかなうことでご用をされています。

昨秋、ホームの庭で骨折してしまいましたが、最近はおつとめ奉仕ができるまでに回復し、病院やホームなどでは、おさづけの取り次ぎに余念がありません。また、ホームには四季折々のお楽しみ行事もありますし、息子さんも折にふれて一六〇キロの道のりを車でやって来られます。

身近でぎくしゃくして暮らすより、離れてお互いを思いやる生活を選択したということです。要《よう》は、住まいの遠近だけではないということでしょう。しかし、この生活にも向き不向きがあります。所属教会の会長様とよくご相談のうえ、親に不慮《ふりょ》の問題が起こったときなどを十分に考えなければなりません。社会の主役たる年齢を迎えたあなたが、教会になくてはならない人として、心の成人を果たされますよう切望いたします。

永遠のいまを、萌《も》えいずる若葉のように元気に過ごしましょう。

平成12年6月4日号

問70 義母についていけず、実家に戻りたい

昨年、夫が若くして突然亡くなり、いまは義母と子供と一緒に暮らしています。ところが、義母は人付き合いの嫌《きら》いな性格で、自分の意見を絶対に曲げません。私が折れていれば円満にいくと思い、いままで随分、我慢《がまん》してきましたが、もう精神的に限界です。それでも頑張って義母と一緒にいるべきでしょうか。それとも実家に戻ってもよろしいでしょうか。

（D子）

回答……細谷由紀子《ほそやゆきこ》 石ノ台分教会長、沼津市在宅老人健康指導奉仕員

頼りの夫に急逝《きゅうせい》され、行く先を見失い、心迷うご様子、いかばかりかと存じます。御《み》教えに「闇夜《やみよ》の道は親の声を頼りについいて来い」とあります。人類の親、親神様の思い

が何であるかを、信仰する仲間と談じ合ってください。親神様の思召《おぼしめし》のままに通られた教祖《おやさま》の五十年の道すがらを顧みますに、親の思いに沿って道を通れば、時には迷い苦しむことがあっても、それを通り抜けたとき、必ず大きな喜びと笑顔で通れる日々がやって来ます。好まざる事情にも、子供を苦しめよう、困らせようとの思いは一切なく、よりよき手引きにほかならないと聞きます。

私も心進まぬ結婚後、間もなく姑《しゅうとめ》が脳腫瘍《しゅよう》で倒れ、痴呆《ちほう》、失禁、歩行困難を呈《てい》し、幼子を抱え、家には目もくれぬ企業戦士の夫との暮らしに喜べぬ日々が続きました。子供を連れ、この家を去ろうと心揺らいだ日がありました。心の支えであり、また信仰の師でもあった里の母から「いんねんなら通らにゃならん、通さなならん、通って果たさななならん」と言われました。わが子かわいい私は、逃げる道より果たす道を選んだのです。

時はまさしく教祖百年祭三年千日スタートの旬《しゅん》に、母は私に、この道を残して出直しました。「にをいがけ・おたすけこそ、我我《われわれ》の生命であり、至上の使命である」との『諭達第三号』に呼び覚まされた私は、その使命の道こそが果たす道と悟り、最も身近な人だすけ、つまり姑と生涯を共にすることを心に定め、この姑と共に、おむつ、車いす持参で修養科へ。二カ月目に脚《あし》は立ち、三カ月目にはおむつが取れ、おさづけの理を戴《いただ》きました。人間の英知を注いだ医学の力も及ばぬ不思議な親神様のご守護をお見せいただき、この道を歩む者の最大の喜びと活力を頂いたのです。

数年後、教会を預かる立場を頂き、東奔西走《とうほんせいそう》する私に代わって、姑は神殿を磨き、留守を預かり、訪ねてくる誰に対しても口癖《くちぐせ》のように「この神様はありがたいで。私をこんなに治してくださり、私の願うことは何でも聞いてくださるんやで」と自分のたすかった話、楽しかった修養科生活を説いてくれます。姑の楽しみにと、年三回のおぢば帰りバス団参も、はや十年を迎えようとしています。姑は私にとって、なくてはならない人となっています。

すべてを親神様にもたれ、人だすけの道を歩んで十年。最高の喜びの日々を頂いています。

世界再建、人類再生の旬、教祖百十年祭。瞬時を教祖ひながた、人だすけにスケールをあてて、通らせていただく道であれば、決して悔《く》いはないと信じて疑いません。

このよふをはじめた神のゆう事に　せんに一つもちがう事なし

（おふでさき　一号43）

平成7年2月5日号

問71 心の寂しさから男性を求めてしまう

私は二十八歳の時、夫と死別しました。以来十二年、長男が中学三年生、長女も中学一年生となり、私の手足となって、いい子に育ってくれました。でも、女一人で家庭を守っていると、いろいろな誘惑があり、妻子ある男性と深い仲になったことも何度かあります。奥さんから奪おうという気持ちはないのですが、心の寂しさから、つい相手を求めてしまうのです。子供たちもいろいろなことが分かる年齢になってきました。私自身は、ちゃんとした相手と再婚したいと考えていますが、周囲の人たちは、子供たちが学校を卒業してからにしたほうがいいと言います。それまで、まだ数年。心の寂しさから、また同じようなことを繰り返してしまいそうです。

（M子）

回答……武田《たけだ》 明《あきら》 北榮分教会長

　人生は決して平坦《へいたん》な道ばかりではありません。幸せな生活から突如として、不幸な苦しい日々を送る人も少なくありません。浮き沈みは世の常。だから人生には味があると言う人もいます。親神様は「ここはこの世の極楽や」「陽気ぐらしの世界」と教えられていることを、まず心においてください。

　お便りからは、温かいご家庭の語らいが感じられます。あなたの悩みも分かりますが、半面、してはいけないことをしている驚きも私には感じられます。夫と死別した心の寂しさ、よき伴侶《はんりょ》ときちんと結婚したい思いから異性と交際するが、思うようにならない、とありますが、その付き合いの仕方は、まことに短慮な行為と存じます。もっと思いを深めた行動をすべきです。

　物事には手続き、順序があるはずです。あなたはいま、ご自分の行為が己にとって善《よ》いことか悪いことかを知りながら、泥沼に浮き沈みしているようなもので、やがては周囲の人たちをも巻き込んで、みじめな結果を見ることになると思います。私は、親神様の思召《おぼしめし》に近づく努力の中にこそ、救われる道のあることを信じておりますので、少し申し上げたいと思います。

人はこの世に生まれ、人生が始まり、目標を立て、希望を持って歩みます。この道中には、いろいろな出来事を与えられながら、その時々の心遣いや通り方をし、その結果、喜んだり悲しんだりしているわけです。

この自分に与えられた一生を田畑に例えるならば、その時々に、いろいろな種をまいてきたということです。これをいんねんと教えられます。「善き事をすれば善き理が添うて現れ、悪《あ》しき事をすれば悪しき理が添うて現れる」（『天理教教典』第七章）と申される通り、見えてきた姿の中から、己のまいた種の見極め、区別をきちんとすることが大切であり、この自覚が、いんねんの自覚であると教えられました。

悪しきいんねんによって苦しむわけですが、それによって心の入れ替えをさせ、陽気ぐらしへと導かれる親心を悟るとき、悪しきいんねんの積み重ねを少しずつでも取り除く道を歩かねばなりません。

その通り方は、親神様にお受け取りいただけるよう、最大の努力をすることです。そして、たすかる条件とは、人をたすける心になることです。

悪しきいんねんを切る道は、真剣でまじめな人だすけの日々でなければなりません。いんねんの心が出る間のないよう、教会にしっかりとつながり、理の親の導きを受けてください。この節《ふし》を乗り越え、親神様から与えられる、善きに治まる本当の幸せを楽しみに、頑張ってください。

平成４年10月25日号

問72　老いらくの恋に悩む

一年余り前から老いの恋に悩む七十歳の老女です。彼は十歳年上で、現在では深い仲になっています。彼は、ほかの女性にも優しいので、私は嫉妬《しっと》に苦しみます。お道では〝色情のいんねん〟ということをいわれますが、私はとても悪いことをしているのでしょうか。子供たちにも言えません。あきらめなければいけないのでしょうか。

（M子）

回答……矢野道三《やのみちぞう》　射水分教会長、社会福祉法人射水万葉苑副理事長

いま、日本では高齢化が進み、核家族化とともに別居が増え、とりわけ独り暮らし老人が急増しています。その結果、寝たきりや痴呆《ちほう》性老人も増えています。元気な人はゲ

ートボールやダンスなどの触れ合いを楽しむ半面、孤独に悩み、自殺する例も少なくありません。そして、老いらくの恋に絡《から》む、いろいろな問題も珍しくなくなっています。

しかも、女性が八十二歳、男性が七十六歳（平成14年現在、女性85歳、男性78歳）という平均寿命の男女差で分かるように、圧倒的に女性の高齢者、特に独り暮らしが多くなっています。老人ホームなどは、どこも八割以上が女性で占められています。ダンスの集いでは、わずかな男性に多数の女性が群《むら》がっているという光景も見られます。結果として、あなたのような悩みを持つご婦人も増えてくるわけです。

さて、あなたは七十歳、かなりお元気な様子で、彼も八十歳で健康そのもの。共に老いてますます、という感じがします。病気で苦しむ人から見れば、まことにうらやましい限りです。嫉妬に苦しむのは、まさに愛するあまり、必然的な心情とも言えます。楽しいことの半面には苦しみがつきまとうものだと悟れば、そのような苦しみを味わうあなたは、まことに幸せなのかもしれません。彼が、ほかの女性に優しくするのは、男女数のアンバランスの現状からしても当然です。彼が優しく思いやりのある人だからこそ、あなたに恋の心が芽生えたのではないですか。

自分にだけ愛情を、という気持ちも分かりますが、あなたのような女性が大勢いることをよく理解して、大きな心になって許す努力をすれば、苦しみはかなり軽くなると思います。

子供には内緒とのことですが、人を愛し、慈《いつく》しむ心は、年齢に関係なく生まれることをよく理解してもらうことも大切です。その半面、さまざまなトラブルも発生しがちです。単なる茶飲み友達ならまだしも、結婚とか、内縁関係に進んだ場合、遺産相続などの問題が起こる例が少なくないのです。そのことも関係者とよく話し合って、後で事情が起こらないよう、しっかり決めておくことも大切です。

信仰的には、そのことで〝ほこり〟を積むと思って暗く落ち込むより、むしろ明るく勇んで、心の成人に努めてください。そして、病気で苦しむ人にも心を配り、介護ひのきしんやおたすけに励めば、やがては周囲の理解も深まり、温かい目で受け入れていただけることと存じます。

平成7年6月4日号

問73　商売が下降線たどる一方

夫と姑《しゅうとめ》と三人で酒・食料品の店を経営していますが、三年ほど前から売り上げが下降線をたどっています。遠方で忙しい中、夫は別席を九席運び終え、なんとかご守護をお願いしてきましたが、昨今の不景気には勝てず、お客さまは大手のスーパーマーケットに流れる一方です。私の今後の心の使い方、また、信仰的に夫をどのように導いていけばいいのかお教えください。（S子）

回答……西和田《にしわだ》ヤスハ　天理学寮豊井ふるさと寮長

つい数年前まで、あなたのところのような家族経営の店に、買い物カゴを持って、「これはどう調理したらいいの？」などと言葉を交わしたり、お釣りを少しまけてもらったりして、お互いが笑顔でおしゃべりしながら買い物したものです。

近年、スーパーやコンビニがあちこちにできて、必要な物だけを店のカゴにいれてレジに持っていくだけ。会話をしたくない人は、ひと言もしゃべらなくても買い物ができる世の中になりました。それはそれなりにお客をひきつけていますが、おしゃべりをしながら、心の通った買い物をしたいと思っている人もたくさんいます。

そういうお客の一番の希望は、店の人の笑顔です。たとえ少しの買い物であっても、面倒がらずに応対してくださる態度です。あなたのお店はどうなのでしょうか。スーパーにお客を取られる不安から、笑顔がないのではないでしょうか。

あなたの夫が別席を運ばれたことに関して、「遠方で忙しい中、まじめに別席を運んでお祈りしたのに、商売は落ち込むばかり」と言われますが、信仰について少し思い違いをしているのではありませんか。自分はこれだけしているのだから、これくらい返ってきても当然だ、という恩着せがましい気持ち、打算的なところはありませんか。

私たちは、八つのほこりを払うように教えられています。すなわち、自分を無にすることです。自分はこれだけ信仰しているのに……という思いを捨てることが大切だと思います。教祖《おやさま》は「商売人はなあ、高う買《こ》うて、安う売るのやで」（『稿本天理教教祖伝逸話《いつわ》篇《へん》』一六五「高う買うて」）と教えられました。これを聞いた人は、そんなことをしたら損ばかりして商売にならない、と不足しましたが、後日、ある先生から「神様の仰《お》っしゃるのは、他《ほか》よりも高う仕入れて問屋《といや》を喜ばせ、安う売って顧客《とくい》を喜ばせ、自分は薄口銭《うすこうせん》に満足して通るのが商売の道や」（同）と諭され、やっと納得したということです。

あなたも、姑を立てて、夫と三人力を合わせて、少しの買い物の客にも〝買っていただく〟という感謝の心で、ニコニコ笑顔で商いをしてください。そうすれば、うわさがうわさを呼び、一人から二人、三人と、お客さまは帰ってきてくださると思います。夫はなるべく速《すみ》やかによふぼくになられ、そしていつか、三人でおぢば帰りしてください。

心倒さず、無愛想な顔をせず、家族仲良く、笑顔で商いをしてください。商いは〝飽《あ》きない〟と言いますものね。

平成8年3月31日号

問74 事業の資金繰りに追われる

従業員二十人を使い、不動産関係の大きな商売をしている一信者です。会社と、主人名義の借金が増える一方で、資金繰りに四苦八苦しています。主人は人当たりもよく、みんなから慕われています。借りたお金も約束通り、毎月支払っていますが、長期間ゆえ、こげつきも一度ならずありました。外見は派手に見える商売でも、内実は火の車。妻として主人を手助けする心の持ち方をご指導願えればと、ご相談申し上げます。

（大阪府・主婦）

回答……田村《たむら》一二《いちじ》　社会福祉法人「大木会」理事、みちのはな布教所長

商売のことは経験がありませんからよく分かりませんが、その商売も、結局は人間が

やっていることですから、やっている人の「心」によって、いろいろ影響があることは考えられます。

商売では「損」「得」と言いますが、心のほうでは「徳」「不徳」といいます。何かヘマをやると「不徳の致《いた》すところ」と言って謝《あやま》ります。「損」「得」は結局「金」につながることで、商売の場合は札束が増えれば「得」をした、減ると「損」をしたということになります。「徳」の場合は「徳器《とっき》」という言葉があるくらいで、徳があるということは「いれもの」が大きいということです。徳があると、札束がいくら入ってもこぼれない。しかし徳がないと、いれものが小さいということで、札束が入ろうとしても、入りきれずにこぼれてしまいます。そうすると「損」をしたということになります。

いくら稼《かせ》いでも、徳の器が小さいと、札束の落ち着くところがなく、落としたり、すられたり、泥棒に盗まれたり、それで足りぬと、火事で焼いてしまったりして、かたをつけなければならぬようになっているらしく、札束君にも気の毒なことです。

それでは、どうしたら札束に居ついてもらえるかというと、「働け」ばよいのです。

そう言うと、たいていの人が「稼ぐ」も「働く」も同じことではないかといいます。

しかし私は「稼ぐ」と「働く」とは違うと思います。「稼ぐ」は「禾《のぎへん》」に「家」と書くので、家に米麦がくっついている。わが家さえ食べてゆければそれでよいということで、もちろん、これは大事なことで良いことです。しかし、人間の幸せは「人」という字にもあらわれているように、「つながり、もたれ合い、助け合い」が本当の人間の姿であるのです。「はたらくとは、はたはた（側々）を楽にすることや」と教祖《おやさま》のお言葉にもありますように、人のために動く、つまり「働」という字になります。

そこで、あなたも、もう一度、わが家の生活をじっくりと考えてみてはいかがでしょう。いま生活という言葉が出ましたが、これもこの話に無関係ではありませんので、ちょっとふれておきます。

私たちは簡単に生活生活と言っていますが、「生」には生きる、「活」には活《い》かすという意味があるのだそうで、われも「生き」、人も「活かす」というのが、本当の「生活」ということになります。

そこで、あなたのところは、本当に「働いて」きたのか「生活」してきたのか、よくよく考えてみてください。そして、すぐにも「働き」「生活」してもらわねばならないのではありませんか。つまり、自分たちのことだけを考えず、自分たちさえ良ければ他人さんはどうでもよいというような考えではなく、人を喜ばせ、人をたすけ、人を活かすということを、どんな小さなことからでもよろしいから、やらせてもらうことです。つまり、「人」をたすけぬと、「自分のところ」もたすからないのではないでしょうか。

教祖のお言葉に「人をたすけてわが身たすかる」とあります。いまのあなたのところは、このお言葉に沿って、どんな小さなことからでもよろしいから、人さまに喜んでもらう、人さまにたすかってもらう、そして自分のことばかりでなく、人を活かすことを、しっかりやっていただくより立て直す方法はないのではないかという気がします。

なんといっても信者にとって一番大事なことは「教祖ひながた」です。

昭和61年3月9日号

問75 会社が倒産の危機に

印刷製版会社に勤めていますが、今年になって取引会社の経営不振もあり、売り上げが大幅に減少。いま、会社が倒産の危機にあります。私自身は妻からにをいを掛けられ、だんだんと教理を聞かせていただくうちに入信。現在、別席運び中です。会社では専務として、社長も社員も、取引会社にもたすかっていただき、会社も続けていきたいと願っているのですが、現状は厳しいようです。とにかく、いまの私にできることは、良い仕事をすることで皆さんに喜んでいただくことしかありません。今後の通り方について何かご助言があれば、お願いいたします。

（男性信者）

回答……篠田欣吾《しのだきんご》　龍分教会長

この世の物事の成り立ちを考えると、必ず正反対のものがお互いをたすけ合っていることから始まっています。よく聞かされることです。いわゆる「二つ一つ」ということですが、すべてに当てはまります。

見えるものと見えないもの、これも、その一つでしょう。テレビが映るためには見えない電波や電気が正常に働いても、形の見える機械の手入れが悪いときは映らない場合もあります。

人の身体《からだ》もそうです。たとえば胃を守るためには、何でも受け入れ、大きな心でいることが大切ですが、形のうえで暴飲暴食をしていたのでは病むことにもなりかねません。それと同じように、会社を経営するうえでも、まず大切なのは、その心でしょう。

この世のすべてが親神様からの与え物、借り物なのです。

いまのあなたは、まず社長についていくという思いで通るべきだと思います。そして、社長の心に沿った経営をしていくのです。「高《たこ》う買《こ》うて、安う売れ」と聞かされるように、元を大切にし、先々をできる限り喜ばせて商売をしていくやり方です。お手紙を拝見したら、あなた自身は、まさしくそんな精神でお通りくださっているように思えます。

ところが形の経営の仕方も大切で、こういう時代ですから、より多くの会社が生き残りをかけて必死になっています。そこへ取引会社の経営不振も関係してきて、何かとつまずきが大きくなり、倒産の憂《う》き目を見ることになってしまいます。

私は、仮に倒産しても、倒産までに何を残して通るかが大切だと思います。

ある信者さんが、倒産が決定的になった会社を早めに辞《や》めるかどうかというときに、「いままでお世話になり、生活をさせていただいた恩を忘れず、倒産するまでしっかり勤めるように」と教会長からお仕込みを頂き、それからはご恩報じの精神で勤めきったという話を聞いたことがあります。その後の彼について回る運命には、素晴らしいものがありました。

もう一つ、私の祖父は単独布教で、ある程度の数の信者さんができたにもかかわらず、養子の話が起こり、すべてを手放して別の教会を預かりました。そして素晴らしい教会になっています。

九州で罪を犯して大阪へ逃げても、それは消えません。逆に、人だすけ、ご恩報じの心でつとめるなら、ほかへ移ってても積んだ徳は消えることなく、ついて回るものです。あなたをはじめ社内の人々が、最後までそんな心で勤めきり、次の出発が素晴らしくなることを祈ってやみません。

平成10年9月6日号

第3部 信仰篇

問76 災難続きで、入信したら救われるのか

最近、天理教の話を聞くようになったばかりです。私が信仰してみようかなと思い始めたのは、二男が交通事故で大けがをしたからです。下半身が不自由で、現在はリハビリを続けていますが、生涯車いすに乗るか、うまく回復しても杖《つえ》が必要だろうと医者から言われています。実は、長男も三年前に交通事故に遭《あ》い、三カ月ほど入院しました。息子たちは、それぞれ結婚して家庭を持ち、子供もいます。こうした災難が重なる家族を、天理教ではどのように導き、救っておられるのでしょうか。

（58歳・主婦）

回答……西村《にしむら》 富《とみ》 一筋分教会前会長夫人

私たちの信ずる親神様は、天理王命《てんりおうのみこと》様と申し上げます。親神様は、世界中の人間が陽気ぐらしをするのを見て共に楽しみたいと思召《おぼしめ》され、この世と人間をお造りくださった、すべての人間の親であらせられます。

にち〳〵にをやのしやんとゆうものわ　たすけるもよふばかりをもてる

（おふでさき　十四号35）

と仰せの通り、世界中の人間をたすけたい一心で日々お守りくださっています。

では、なぜ人はさまざまな病気や災難に遭うのでしょうか。

親神様のお望みくださる陽気ぐらしとは、個人個人の幸せだけではなく、互いにたすけ合って、すべての人間が幸せになることであるのに、ともすると人間は自分が一番かわいい、他人はどうでもよいと思いがちです。また、日々の暮らしの中で、つい心の中にある癖《くせ》が出て、わが身勝手な心を使い、人と衝突したり自分の意地を通したりして、他の人々の心を曇《くも》らせたり、親和を乱したりすることがあります。

そういう心遣いが、自分の運命を陽気ぐらしから遠ざけているのです。

そこで親神様は、知らず識《し》らずのうちに危ない道をさまよう子供たちを哀れと思召されて、さまざまな事情や身上で反省を促して、私たちの歩むべき道を教えてくださるのです。

ようこそつとめについてきた　これがたすけのもとだてや
（みかぐらうた　六下り目四ッ）

と仰せられるように、親神様と、親神様の思召《おぼしめし》を初めて人間に明かされた教祖《おやさま》は、たすけを求めて子供たちが寄ってくるのをお待ちかねになっています。

教会に参拝し、また親神様がお鎮《しず》まりくださる親里・ぢばに帰らせていただいて、お話を聞かせていただきましょう。親神様・教祖におすがりし、お望みくださる陽気ぐらしの実現に向けて、与えられている力を生かして、親神様のご用をつとめさせていただく心を定めてください。自分の身の回りのことばかりにとらわれる心を少しでも、難儀している人のお役に立ちたいという心に変えられたら、自然に自分の心が明るくなって、日々を喜びにあふれて暮らせるようになり、大難は小難に、小難は無難にお守りいただけるようになってきます。

どうぞ、ご家族が心を合わせて歩まれるよう、お祈り申し上げております。

平成12年10月8日号

問77 義母に信仰勧められ抵抗感もつ

よふぼくの夫と結婚して一年になります。結婚前は天理教のことは全く知りませんでした。しかし、義母が大変熱心な人で、信仰があってこそのものの考え方や行動を、さも当たり前のように私に求めてきて困惑しています。義母の勧めで別席を運んでいますが、教えを知る以前に、信仰を要求されることに抵抗感を覚えてしまいます。信仰を持つ周囲の人たちと、どう付き合えばよいのでしょうか。

（27歳・別席運び中）

回答……谷本妙子《たにもとたえこ》 讃光分教会長夫人

あなたは筋道を立てて物事を考える頭脳明晰《めいせき》な方であるとともに、とてもかわいい人として私の心に浮かんできます。また、お義母《かあ》さんも立派な方だと想像いたします。

それは、あなたが抵抗感を抱《いだ》きながらも別席を運んでいるという素直さがいとおしく思えますし、お義母さんも自分が歩んできた道に自信を持ち、この教えの実践の中に何かをつかんできたからこそ、親神様に全幅の信頼を寄せて日々を歩んでおられると思えるからです。

母親として、確かな幸せの道に導くため、あたかも季節がいつ冬から春に変わり、夏から秋に移ったのか分からないように、日々の生活の中で自然に教えを身につけさせたいと思い、月次祭への参拝や教会の行事への参加を勧められるのでしょう。教理の講義などをして教えるより、はるかに尊いことだと思います。

ところで、あなたが〝教えを知る〟とは、どこで区切りをつければ納得していただけるのかと考える一方で、私もどれだけ教えを分かっているかと問われると、あなたと変わらないように思えるのです。

お道では、嫁という名のもとに嫁いできた人は、結婚するまで他家でお育ていただいた娘が、本当の親のところに帰ってきたのだと、お教えいただきます。なんと素晴らしい教えでしょう。この中には嫁も姑《しゅうとめ》も存在せず、ただ、あるのは母と娘なのです。

お義母さんは、あなたを実の娘と思っているから、なんの遠慮も隔てもなく、生活の中に信仰を溶け込ませながら息子夫婦の幸せを思い念じているのに違いありません。

いつの日か、あなたも母親になるでしょう。十月十日《とつきとおか》の間、親神様に守り育てられた健康な赤ちゃんと対面したいものです。このときこそ、母と娘として歩んできた日々が光るのです。

周囲の人に「お導きください」と声を掛ければ、その人に喜んでいただけます。その喜びが、あなたについてきます。いま、社会に起こっていることに耳を澄まし、自分の幸せの尊さを感謝し、天空にかかる永遠の月を眺《なが》めてみましょう。きっと、悩みは宇宙のかなたへと消え去ることでしょう。

平成14年9月29日号

問78 月次祭参拝を会社に気兼ねする

仕事を休んで教会の月次祭に参拝していますが、会社に気兼ねをしています。おつとめを勤めていても、仕事のことが気になることもあります。逆に、どうしても仕事が忙しい日には、月次祭参拝を休むこともありますが、そのときは神様に申し訳ない気持ちでいっぱいになります。教会の月次祭が日曜日なら、なんの気兼ねもしなくて済むのにと思いますが……。

（A男）

回答……篠田《しのだ》欣吾《きんご》 龍分教会長

「二つ一つが天の理」と聞かせていただくように、どんなものも相反する二面がお互いを補い合って成り立っています。信仰においても例外ではないと思います。教理を勉強したり、教祖《おやさま》のひながたを学んで心を成人させていく面と、おつとめをしたり、にをいがけ・おたすけ、つくし・はこび、ひのきしんのように形に表して通る面とです。

小さな小さな人間が、親神様の思召《おぼしめし》を分かろうとしても、本当は理解できにくいことなのでしょう。頭で分からないことは胸で分かるようになることです。そのためには、お話を聞いて感動したり、教理を学んで心を澄ませたりして、自分に勢いをつけて形の信仰に踏みきるのです。この二面ができると、だんだんと通った分だけ心に信仰が分かるようになるのです。

その最たるものが、おつとめです。教祖が、これを勤めたならば必ず陽気ぐらしの道を歩めると、五十年もの道をお通りくだされ、しかも定命《じょうみょう》を二十五年も縮めてまで急《せ》き込まれたことです。

教会の月次祭は、ご本部の理を頂いて勤める大切なものです。まず、どんなことがあっても月次祭を欠かさないという心を定めること。そして、陽気ぐらしへの道は、棚《たな》ぼた式にやって来ないと自覚することです。僕のお預かりする教会でも、何人もそうして通っています。初めのうちは社内で白い目で見られたり、陰口を言われたようですが、その人に深い心（信仰心や揺《ゆ》るぎなき心）があるならば、やがては皆から「きょうは教会のお祭りだろ」と言われて通れるようになっています。

ある人は、子供の事情から月次祭参拝を欠かさない心定めをしました。ところが、親が教会に行くその留守の日に限って、子供が家で問題を起こしていました。近所の人々の笑いの中、その人は「いつもわらはれそしられて　めづらしたすけをするほどに」（三下り目五ッ）という「みかぐらうた」の一節を心に、そのたびに心の成人をしていったのです。年月がたって、いま一家はもちろん陽気に歩んでいます。

できるときにしようでは、神は働きません。心を定めて、人としての痛みと苦しみを味わって、心を深くしていけば、神が働いて、そういう向きにしてくださるのです。

ふかいこゝろがあるなれバ　たれもとめるでないほどに

（みかぐらうた　七下り目二ッ）

平成8年5月19日号

問79　できる妹に憎しみ持つ自分が嫌

私の妹は、なんでもできる妹です。勉強も何もかも、性格まで私より優れているのです。そんな妹を憎く思うことさえあります。妹のちょっとした態度にも腹が立ってしまうのです。母も「あんたはあほやから、どんくさいから……」などと言います。悪気はないと思うのですが、でも、私はとても傷つきました。自分でも分かるほど、私の性格はどんどん悪くなってきたように思います。いい事も全然ありません。死のうかと思ったこともありますが、できません。こんな自分がつくづく嫌《いや》です。小さな悩みだと思われるかもしれませんが、私は真剣に悩んでいます。これから私はどうすればいいのか教えてください。

(16歳・大阪府・女子)

回答……田村《たむら》一二《いちじ》 社会福祉法人「大木会」理事、みちのはな布教所長

だいぶ悩んでおられるようですが、あなたは、ある面では、幸せだと思います。悩みは判断力を育てるからです。

悩みは抵抗の一つであって、前進の一コマです。抵抗がなければ前進もないからです。つるつるの氷の上を、つるつるの靴《くつ》ではどうしようもないので、スケート靴にはちゃんと角目の鋭い削りと、曲がり目の鋭い刻みがあります。

抵抗のないところに前進はないので、歴史上の大人物で、ちやほやされて成功した人は、私の知っている範囲ではありません。

みんな、なんとか、かんとか、苦労をしておられます。

信者の方なら、教祖《おやさま》の比類のないご苦労をご存じでしょう。

お道にも「楽々の中に実《じつ》はない」という意味の言葉があります。

妹さんとお母さんが憎い間は、あなたのスケート靴はトゲだらけで、滑るどころの話

ではありません。

あなたにはこれからも、いろいろ悩まされることがあるかもしれません。しかし、悩みは判断力を育てるということを覚えておいてください。そして、そのことを体験してみてください。

やがて、妹さんの良さ、お母さんのありがたさが分かったとき、蝶《ちょう》がさなぎから出るように、明るい空中へ、自力で飛び出せるでしょう。一つの脱皮です。

そして、苦がなければ楽もない、停滞がなければ前進もない、裏がなければ表もない、闇《やみ》がなければ光もない、黒がなければ白もない、一切が逆のものによって成り立っている。つまり、お道でいわれている「二つ一つ」です。死にたくなるような悩みがあるということは、その裏に、天にも昇《のぼ》るような喜びがあるということです。

あなたなら、一切の存在が「二つ一つ」、表と裏によって成り立っているということが分かると思います。

なんでもよいから、一つ、つかまえてみて、それの裏、それの逆はなんだろうかと考えてみてください。

どんなものでも、表があれば裏、裏があれば表があることが分かると、人生観が大きくひらけてくる、心に余裕ができてくるということが分かっていただけると思います。

昭和61年12月7日号

問80 人前でのひのきしんに抵抗を感じる

一人でひのきしんをするとき、人前だと、なぜか自分の行為をわざとらしく、うそくさいもののように感じてしまい、恥ずかしくてやりきれない気持ちになります。ひのきしんをさせていただかなくてはという思いと、人に見てもらうためではないという気持ちが葛藤《かっとう》して行動に移せません。決められた時間や、集団でするようなひのきしんには参加できます。ひのきしんについて、どう悟らせていただいたらよいのでしょうか。

（28歳・男性）

回答……篠田欣吾《しのだきんご》 龍分教会長

私たちには、親神様から唯一、自分のものとして使う自由を許されている「心」があります。その心の使い方いかんによって、魂が輝いたり曇《くも》ったりするのではないでしょうか。これは、信仰している、していないにかかわらず、人間である以上、誰でも同じことです。

親神様が、陽気ぐらしを楽しみに、私たち人間をお造りくださった意味を考えますと、私たちの毎日使う心を、親神様の思召《おぼしめし》と異なるように使ってしまうと、不思議と勇めないものです。やりきれない思いになってしまうことだって多いのです。

一方、私たちは人間ですから、人間思案をするのは当たり前です。その人間の思案することが親神様の思いにかなうか否かが、自らの心が晴れるか曇るかということを左右しているのです。

いくら自分では「正しい考え方だ」「こうあるべきだ」と思って事に当たっても、親神様の目からご覧になれば、少々ずれているときも多いのです。

それは、あなたもよくご承知かもしれませんが、自分では全く気づかないほこりの心が邪魔《じゃま》をしてしまうからです。「よくとこうまんこれがほこりや」というお言葉があるように、いまの私たちが一番使いやすいほこりの心遣いが、こうまんのような気がしてなりません。

たとえば、低い心遣いのようでも、「人に笑われないだろうか」「自分を良く見てくれているだろうか」などと考えることも、立派なこうまんだと思います。

見る人がいなければ、誠の心で行動できるのなら、人がたくさんいる所でも、まるで深い山中で木々に囲まれているような心境になってみてください。見る人を相手にするのが、ひのきしんではないのです。

まず、葛藤があって、行動（形）から入る。そして、自らの心の中で闘いながら形を通るうちに、深い心ができると思います。そうしたら、しめたものです。深い心ができれば、何人《なんびと》も邪魔はできない、ともおっしゃってくださっています。

おつとめを毎日勤めて心のほこりを払い、ひのきしんの意義を教理などに学べば、あなたなら勇める日は近いことでしょう。

平成14年9月15日号

問81 出直しの教理の悟り方は

最近、七歳の長男が「ボク死んだらどうなるの？」と時々尋ねます。私自身、出直しということを悟りきれないため、「生まれ変わって、またこの世に現れるのよ。良いことをたくさんしていれば、生まれ変わってからもたくさん良いことが起こってくるのよ」としか言ってやれず、長男にはピンとこないようです。私自身も、今生の出来事を通して、前生のいんねんを少し伺い知ることはできても、出直しによって、名前や歴史や思想などを忘れ去ってしまうと思うと不安になります。どうすれば出直しの教理を悟り、ニッコリ笑って出直しを迎えられるのでしょうか。

（35歳・主婦）

回答……西山茂男《にしやましげお》　信大分教会長

人は死ぬと、その魂は親神様がしっかりと抱きしめておられます（おふでさき　三号109参照）。旬《しゅん》が来れば、親神様のお世話取りによって、また人間に生まれてまいります（六号131）。あなたは前生の氏名・歴史・思想などが失われてしまうのが不安になると書いておられますが、教祖《おやさま》は、前生が分かっておれば恥ずかしくて道も歩けないと言われたそうです。一夜明ければ新鮮な朝が来るように、未知の新しい人生を迎えるほうが、出直しの言葉の意味にも合っております。

出直しを考えるには、まず、その発端である出生を考えるのが順序かと思います。親神様は「たいないゑやどしこむのも月日なり　むまれだすのも月日せわどり」（六号131）と教えられ、妊娠・出産は、親神様の世話取りであると明示されております。

そのうえ、お産は人生の一大事ですから、をびや許しを出されて、安産の世話取りもしてくださっております。しかし、をびや許しを頂きましても、疑いの心があれば、ご守護はありません。教えをよく守り、ひと筋に親神様にもたれていたところ安産されたと、『稿本天理教教祖伝』（38ページ）に出ております。

人生の始まりである出生に、親神様のお世話取りを頂いておりますから、人生の終わりに当たる出直しも、親神様のお計らいの世界です。それは、心のほこりをすっきり払ったら、百十五歳まで、病まず死なず弱らずに過ごすことができるということです（三号96～100）。そのうえ、希望があれば心次第にいつまでも生きて、歳《とし》を寄る目はさらにないというのです（四号37・38）。

このことは、いにしえの昔から人類最大の願望であって、これからの高齢社会に対する親神様のお答えでもあると思います。

百十五歳というと、ちょっと手が届きかねるようですが、ここは百十五歳までいけるかどうかということではなく、をびや許しのときと同じで、どこまで信じきれるかということです。親神様を信じるということは、親神様の言われることに私見を交《まじ》えず、素直に受けとめていくことだと思います。これができれば、そのためにはいま、何をなすべきかという人生の方向が定まって、生涯若い心で希望と勇気に輝く日々となります。その結果、病気や老後の不安は跡形もなく消え失《う》せて、あなたの望まれているように、ニッコリ笑って出直しを迎えることができると信じます。

高齢社会を迎え、まず私たちよふぼくが、百十五歳まで、病まず死なず弱らずにどこまで近づけるか、わが身の試しをかけていかなければ、世界に遅れをとるだろうと思います。

平成7年1月15日号

問82 子供たちが神様に手を合わせない

神実様《かんざね》を祀《まつ》って二十年近くになります。私は信仰三代目ですが、正直言って結婚して所帯を持つまでは、信仰に関心がありませんでした。私には、高校二年生を頭《かしら》に三人の子供がおりますが、神様に手を合わそうとせず、自宅に会長さんが来ても、あまりいい顔をしません。妻も〝付き合い信心〟に近く、家庭の中でのお道の話が足りないからだと思いますが、わが身を振り返ると、あまり強制する気にもなれません。自然な形で信仰を継いでくれるのが最良と思いますが、このままでは途切れてしまう可能性が大きいようです。

（52歳・自営業）

回答……古市俊郎《ふるいちとしろう》 福之泉分教会長、教育相談員

信仰三代目ともなれば、親々の通ってきた道などはよくご存じでしょうが、信仰する実感がないというか、どのように子供を導いていくべきか、考えあぐねておられる様子です。このままでは信仰が途切れそうで、心配なのですね。

しかし、こうして正直に胸の内を打ち明け、真摯《しんし》に相談を寄せられたあなたには、いま変化の旬《しゅん》が来ているように感じます。この機会に、何から始めればよいのか、具体的にできそうなことを考えてみましょう。

これまで「わが子だから親についてくるだろう」という思い込みはなかったでしょうか。現代では、生活様式はもちろんのこと、ものの考え方の多様化が進んでいます。「十年ひと昔」ではなく、いまや「三年ひと昔」で、親子の〝文化の違い〟は想像を超えています。したがって、わが子への縦の伝道は、親のしつけというより、異文化層への布教ととらえて、これまでの見方を少し変えてみませんか。

〝異文化布教〟と考えれば、二つの視点が見えてきます。

一つは、相手の文化を知ることです。いまの高校生・中学生はどんな生活をし、どのような考え方をするか知ることです。当然、親の聴く態度が不可欠です。

もう一つは、こちらの文化をきちんと示すことです。あなたの暮らしを時間的・空間的にも、神様中心の信仰生活に変えましょう。おつとめや講社祭の時間厳守、外出や帰宅時の参拝、何でもまず神様に供えてから頂くなどの実行を始めましょう。そして、夫婦仲が良くて明るい雰囲気が、子供への良いモデルを示すことになります。

「育てば育つ育てねば育たん」（おさしづ　明治24年7月19日）とのお言葉があります。子供は大きく変化する可能性を秘めていますが、放っておいては育ちません。育てようとするあなたの誠真実と、〝異文化布教〟という謙虚《けんきょ》で地道な姿勢が必要です。

できることから始め、あなたが変化したことを子供たちに見せてください。あなたの変化によって、家族の変化がきっと起こります。

平成12年9月17日号

問83 徳がないと言われ、お道の信仰に迷う

幼いころから、私一人で目の不自由な実母の面倒を見ています。社会的な活動に参加できず、友達は一人もいません。夫とはケンカばかりで、離婚を考えるときもあります。唯一、悩みを相談できる教会で、ある人から以前「あなたには徳がない」と言われました。教会に通うようになって四十年になりますが、何のために信仰しているのかと悩んでいます。

（47歳・主婦）

回答……篠田欣吾《しのだきんご》 龍分教会長

人の体は、食物中に含まれる栄養などが親神様のお働きによって体内に行き渡り、お育ていただくのですが、実際には栄養は目に見えないし、形もありません。

徳も同じことで、形もなければ人の目ではどれほどあるのか計ることもできません。徳があるのか否かは、形のうえからでは判断できないことだってあるのです。しかし、おそらく、あなたに「徳がない」と言った教会の方は、いまのあなたの生活や家庭の状態などから判断して、その言葉が出たのだと思います。

大きな家に住んで、お金に不自由せず、健康にも恵まれた人が、すべて徳のある人だと言いきれるのでしょうか。そんな人でも、現状に満足できず、不足と欲の心で喜べない生活を送っていることも多いのです。喜べる徳がないのです。

徳積みをして、生活の豊かさや家庭の和、健康などをご守護いただくのも確かでしょうが、それらを喜び勇んで維持していくための徳の土台づくりを怠《おこた》ってはいけません。

反対に、家庭に身上の者がいたり、夫婦の和がなくとも、へこたれずに信仰のうえから明るく受けとめて通れる人や、どんな中もいきいきと陽気ぐらしのできる人も、徳のある人と言えるでしょう。

それなのに、あなたはどうしたのでしょう？　せっかく、いままで目の不自由なお母さんの面倒を見続け、そこから逃げようともせず、信仰を頼りになんとか通ってこられた。心に徳がなければ、できることではないと思います。

ところが、他人のひと言で落ち込んでしまうということは、徳の器が小さくなってきている姿なのかもしれません。

心ひとつが自分のものであると教えていただいています。自分の心なら、他人や夫の言うことに左右されず、いつもいきいきできるのではないでしょうか。他人や夫に心を占領されて、一日のうち、どれだけ自分の心でいられますか。

人から嫌《いや》なことを言われて明るく受け取れないのは、徳の土台が小さくなったのかな、と考えて、「よし！　どんな中も喜べるよう、より徳積みをさせてもらおう」と悟れたら、そのときがあなたの器に徳がいっぱいになっている姿だと思います。

平成14年1月13日号

問84 長く信仰しても身内に節が相次ぐ

お道に引き寄せられて六十二年になります。わがいんねんを悟り、積もり重なった心のほこりを少しずつでも払おうと、何事も「ひのきしん」を念頭につとめてきました。長い年月を振り返ると、私の周囲の方の身上・事情は、ことごとくご守護を頂いてきたように思います。さらに私自身、この年になっても壮健で日を送れることに感謝しております。ただ、なぜか身内に身上・事情がひっきりなしに続くのです。私の信仰に対する悪口が聞こえてきたときは、さすがに落ち込むことがあります。

（84歳・教人）

回答……谷本妙子《たにもとたえこ》　讃光分教会長夫人

八十四歳の今日、壮健な日々を送りながら、ご自分の周囲の人たちのうえに心を砕《くだ》くという日常は、まさに「生涯現役」。人は皆、このようにありたいと願うお手本のようだと敬意を表します。

さて、八十四年の長きにわたってつくり上げられたあなたのご家庭は、子供、孫、ひ孫と末広がりに多くの枝葉が繋り、さぞ大きく発展したものと想像します。少人数の家族と比べ、家族の輪が広がれば広がるほど、善《よ》き事も悩める事も果てしなくなるのは世の常と思います。こちらが治まれば、また次と、心に掛かることも絶えないと思いますが、それは生かされているからこそ、心を使うことができるのでしょう。

私どもの教会に、大勢の子や孫、ひ孫に恵まれた婦人がおりましたが、今夏に九十五歳で出直されました。あなたと同じようにたびたび悩み、人の思惑《おもわく》に心痛されることも多くありましたが、どんなときも悟りの行き着く先は「みかぐらうた」四下り目の一ッ、

ひとがなにごといはうとも　かみがみているきをしずめ
でした。これを歌いながら気を取り直し、生かされている喜びを胸に、ひのきしんを生きがいとし、九十三歳まで月次祭のおつとめをいそいそと勤められました。

一方で、お道の本を精読し、ラジオに耳を傾けて、消費税問題についての見識を持ち、流行語などの意味を尋ねるような方でした。六十五年に余る信仰生活の中でも、筆舌《ひつぜつ》に尽くせぬ幾多の山河がありましたが、時を得て治まるところにすべて治まり、今日に至っております。

六十二年にわたる筋金入りの信仰を培《つちか》ってこられたあなたは、節《ふし》に対する心の治め方、進め方を誰よりも心得ており、実践してこられたはずです。ますますお元気で、東に事情が起これば心血を注ぎ、西に身上者あれば一回でも多くおさづけの理を取り次ぎ、お道になくてはならぬ〝宝〟としてご活躍ください。

秋季大祭も近づき、秋一色のきょうこのごろです。

平成12年10月15日号

問85 嫁ぎ先に神様を祀りたい

結婚して八年。私の嫁いだ家の義母はよふぼくで、私の実家の教会、また上級へも毎月参拝しています。夫は長男で、いずれは家を継ぎますが、先日、義父と義母が「いずれ仏壇を買わなくては」と話していました。この地では、生前は他宗教を信仰していても、亡くなると仏式で送るのが常識なのです。でも私は、仏壇に物を供えたり、お経をあげるのは一生負担に感じます。なんとしても神様を祀《まつ》って、講社祭を勤めたいのです。どう両親を説得したらよいでしょうか。

（主婦・兵庫県）

回答……弘長米次《ひろながよねじ》 周東大教会長

あなたの悩みを拝見して、私の娘が嫁いだ日のことを思い出しました。娘は、お道の信仰に関係のない家へ嫁いだのです。そのとき私が親御さんにただ一つお願いしたのは、「娘は天理教の教会に生まれ育ったので、神様をお祀りすることだけはお許しいただきたい」ということでした。

一方、娘には、嫁ぎ先のご先祖様は大切にさせてもらいなさい、と話しました。また、夫やご両親をお道へ導こうとする前に、まずは良い嫁となり、妻となり、母となる努力をしなさい。そして、子供に確かな信仰を伝えなさい、と言って送り出しました。

なぜ、私がこのように考えたかと言えば、教祖《おやさま》のひながたの中に、答えとなる糸口が見いだせるからです。

十三歳で嫁がれた教祖は、両親に孝行を尽くされ、夫にはよく仕えられ、人一倍働かれて、十六歳で所帯を任されました。

「月日のやしろ」となられるまでの二十七年間というもの、教祖は理想的な嫁であり、妻であり、母であらせられたのです。

ところが、「月日のやしろ」に定まられ、親神様の思召《おぼしめし》のままに貧のどん底へ向かわれてからは、人々のあざけりや親族の反対の中で、夫・善兵衛《ぜんべえ》様は、教祖を家から出すこともできたでしょう。当時は「三くだり半」といって、夫から一方的に妻を離縁できた時代です。しかし善兵衛様は、そうされなかった。その一因には、教祖は申し分のない嫁であり、主婦としてかけがえのない存在だったからではないでしょうか。

お手紙には、「仏壇に物を供えたり、お経をあげるのは負担」とありますが、物事の受けとめ方が少々固い感じもします。海外で布教をする場合、こちらの教えを押しつけるだけでなく、ある程度、土地所の民俗や習慣を受け入れる必要があります。海外に限らず、にをいがけ・おたすけの現場には、常に相手の思いを包み込むゆとりがいるものです。

また、あなたが両親を説得して神様を祀るようになっても、将来、あなたの息子さんに他の信仰をしているお嫁さんを迎えたとき、そのお嫁さんは、いまのあなたと同じ主張をされるのではないでしょうか。立場を変えて想像してみてください。

お道の中で育ったあなたにとって、違う信仰を形のうえだけでも受け入れることに抵抗はあるでしょう。でも、夫や両親を説得する前に、良い嫁となり、妻となり、母となって家の内々を治めることが、あなたの希望である神様をお祀りする環境づくりになると考えてはいかがでしょうか。そして何より大切なのは、子供に確かな信仰を伝えることです。

一家そろって講社祭を勤められる日が来るよう、心から祈っております。

平成3年1月27日号

問86 修養科に入りたいが踏みきれない

修養科に入りたいと思っています。その旬《しゅん》は、周りから声を掛けていただいた時だと思っていますが、なかなか機会が訪れません。身上をきっかけに十年ほど続けていた心定めの実行が、最近は多忙で果たせず、気に掛かっています。あと五年、定年退職を待つべきか、職を辞しておぢばに帰るべきか、悩んでいます。

（55歳・公務員）

回答……西村《にしむら》 富《とみ》 一筋分教会前会長夫人

お手紙によりますと、ご両親の丹精で一家そろってよふぼくになっておられ、八十歳のお母さまが布教所長として頑張っておられる。あなたは結婚したときから「定年退職後は修養科へ。その後は布教所長を継ぎ、父のように教会へ伏せ込みたい」と心定めをしておられた。定年前ではあるが、修養科に入りたいと思っておられる。しかし、声が掛からないから旬が来ていないのでは、とのお悩み。

何もかも頭では分かっていながら、親神様・教祖《おやさま》を信じてもたれきることのできない人間心の弱さを感じます。周りの状況をよく考えて、一番大切なことは何か、理の順序に従って、ことを決めてください。

よふぼくが日々、座右に置いて拝読するように頂いた「おかきさげ」に、「言わん言えんの理を聞き分けるなら、何かの理も鮮やかという。それ人間という身の内というは、神のかしもの・かりもの、心一つが我《わ》がの理」とお教えくださいます。

声が掛からないといっても、あなたなら現状でどうすることが、親に喜んでいただける道なのか、お分かりだろうと思います。

さらに「おかきさげ」には、「日々《にちにち》には家業という、これが第一。又《また》一つ、内々互い〳〵孝心の道、これが第一。二つ一つが天の理と諭し置こう」と仰せられます。

まじめに家業に精を出し、あれでこそ〝なるほどの人〟と言われるような国々所々の手本雛型《ひながた》になる。併《あわ》せて、おさづけの理を戴《いただ》いた者は、よふぼくとしての一つの新しい使命を授かったのですから、たすけ一条のご用は家業にも勝る尊い使命であり、これを大切にすることは言うまでもないことです。生みの親にしっかり孝行し、同時に全人類の親であらせられる親神様へ孝心の道を尽くすことが大切であるということも含めて、仰せになっておられます。

ご両親のきょうまでの道すがらを振り返り、その道を継ぐ者として、旬を外《はず》さないよう「言わん言えんの理」を悟って、あなたの責任において決断してください。

平成14年9月22日号

問87 事情相次ぐ知人に私のできることは

二十年来のよふぼくです。私が短期入院した隣のベッドの四十六歳の男性のことで相談します。急性肝炎で入院した十日目、奥さんを交通事故で亡くし、苦しさを押して葬儀をつとめ、再入院されました。私はただちに、おさづけの理を取り次がせていただきましたが、相次ぐ事情にやつれきっておられます。四歳と小学二年生の二人の子供のことでも悩んでおられるようですが、よふぼくとして私は、どのようにお力添えをしたらいいのでしょうか。

（T男）

回答……西山茂男《にしやましげお》 信大分教会長

いまのあなたには、親神様が二つの道を示しておられるように思います。その一つは、その方の病気の治癒《ちゆ》を祈り、心を尽くすことです。

入院の最中に、妻の交通事故という悲痛なことから次々と事情が重なって、悲嘆の底にあると思われます。その気持ちでは、病気の治癒に悪い影響を与えます。いったん起きたことは絶対に元に戻らないのが、この世の厳しい定めです。迷いの道から脱出して、これからどうするかということを急がねばなりません。

それはまず、病気を治すことです。そのためには考え方を根本から変えることです。奥さんは夫の病気のことに、心を使いすぎての事故死であったかと想像します。奥さんの気持ちを考えても、病気を治すことが第一ではないかと思います。

いろいろの難事が重なって起こるのは、いま立ち上がらないと、家庭が崩壊することを教えられています。これを節《ふし》といい、立ち上がる旬《しゅん》とも言えます。沈んでいる彼の心を励まして、心の立ち上がりを支えるのが、あなたの役目です。

「言葉一つがよふぼくの力」（おさしづ　明治28年10月7日）と教えられます。いつもピカピカに磨いておかねばなりません。あなたの人柄を通して、誠意を尽くして彼に話してください。これは実際にやらないと、言葉に力はつきません。「年限の経《た》ったものでなけりゃよふぼくには使われようまい」(同)というのは、この経験の有無を言われていると思います。おさづけの理を戴《いただ》いて、何十年たってもその努力を怠《おこた》っていると、成人の道はなく、これだけ信仰しているのになぜだろう、ということになります。

「人間という身の内というは、神のかしもの・かりもの、心一つが我《わ》がの理」(おかきさげ)と教えられます。人の心の持ち方次第です。誠の心、ほこりの心など、親神様の教え、ご守護の偉大さをお話しして、本来の使命である、おさづけの理を取り次ぐのです。もし、子供の問題がどうしても解決できなかったら、教会に相談してください。

もう一つの道は、彼と病院で同室なら、あなたも彼と同じような病気かと思います。隣のベッドという出会いから始まって、二人は深い縁があるようです。もし、あなたがそうなったらと想定して、絶体絶命の立場に置かれたら「自分ならこうする」という生涯の心を定めて、実際に通ってみることが、彼の心の支えになる元であると思います。

平成7年10月29日号

問88 おつくしの話、どう切り出せば

身上・事情のご守護を頂くには「にをいがけ・おたすけ」あるいは「つくし・はこび」「ひのきしん」などに心を使ってもらえるよう導くことが大切です。私は、その中でも金銭による「つくし（お供え）」が一番たやすいと思うのですが、それでも、ある程度の信仰心が養われている人ならともかく、そうでない人にはなかなか切り出しにくいものです。いま、重い身上の方にご守護を頂いてもらいたいと「おたすけ」に掛かっているのですが、本人やご家族にどう諭したらよいか悩んでいます。

（匿名）

回答……篠田欣吾《しのだきんご》 龍分教会長

事情・身上の節《ふし》を与えてくださったときに、なぜ「つくし・はこび」などが必要なのでしょうか。

確かに、信仰の形の部分も大切には違いありません。しかし、親神様がお受け取りくださるのは、人の心の使い方の是非《ぜひ》なのです。

人は体を借り物とし、心だけは自由に使うことを許されています。その自由な心で親神様の思いをくみ取り、その方向へと歩んでいけば何の問題もないのですが、勝手な心遣いで危ない方向へと進んでしまいがちです。それを案じて、親神様が行く手を遮《さえぎ》り、歩みを止めてくださる姿が、身上という形に現れてきたものです。だから、親神様の親心の形なのです。

事情や身上の原因を説かずに、いきなり、つくし・はこびのことばかりでは、相手は戸惑うことはあっても、喜び勇んで受け入れることはできないでしょう。親神様のお力を借りて、ご守護を願うために、身上に応じた心を定めていくのですが、形の踏ん切りとして表したものが、にをいがけ・おたすけ、ひのきしん、つくしなどだと思います。

お諭しをするとき、身上になる心遣いの原因（俗にいう〝病の諭し〟）のみを話して形の信仰を求めがちになりますが、前記した親神様の親心の部分をよく説くべきでしょう。そして相手が「ああ、自分は親神様に申し訳ないことをしていた」と真実の心になったとき、初めて信仰の形も勇んで受け入れてくれるものと思います。

さて、つくしのことですが、人は親神様がこの地球上に用意されたさまざまなものを、そのままで、あるいは加工して生活しています。その媒体となるのがお金です。

目に見える物だけでは生活は成り立ちません。たとえば空気をはじめ、この先の人との出会いや出来事の組み合わせ、運命や命の問題など、親神様のお働きを頂くのに、お供えという形に託《たく》して自らの身につけていくべきでもあると思います。

平成12年4月23日号

問89 不登校のおたすけ、どう導けばいい？

両親は公務員で裕福な家庭の子供ですが、高校一年生の二学期の初めから不登校となり、二年生になって別の高校へ転校しましたが、数日でまたもや登校しなくなりました。人と顔を会わせるのが嫌《いや》なようで、朝も、遅い時間まで起きてこないそうです。母親は自己主張が強く、夫に対しても支配的です。私はその両親におぢば帰りを勧めているのですが、まったく聞き入れてくれません。おばあちゃんが信仰しているので、いろいろと諭すのですが、反抗する始末です。どのように導いたらいいのでしょうか。

（S子・富山市）

回答……山本武生《やまもとたけお》 須崎分教会長

よかったですね。こんな難問を親神様から頂いたあなたは、それだけ親神様から信頼されているのです。

見抜き見通しの親神様は、赤ちゃんにクルマの運転をしろなどとは言われません。力に応じ、立場に見合った仕事をさせられようとする。だから、この不登校の子と、その両親を導く力があると、あなたは認められているのです。まず、このことを大きく喜んでください。

このごろ、不登校の多さに驚かされますね。私のところにも毎月二、三件、多いときには週に二、三件も相談が持ち込まれます。

不登校とひと言で言っても、個別に当たってみると、原因も現れ方も同じものは一つもない、と言えるほど多様です。

高校二年生にもなっての不登校というのですから、どういう原因からなのか、はっきりと確かめることです。

自分のカラに閉じこもる自閉症か神経症によるもの、学校でのいじめによるものもあれば、授業についていけない(学力低下)、根っからのズル休み、青年期の体の変化(性徴)に心が対応できないストレスからくる場合もあります。また、失恋や親への反抗なども考えられます。

しかし、どういう原因なのかをつかむのは、立派な公務員のご両親の役目。ただ、あなたは、こんなケースを挙げて、「当てはまる原因はなんだと思う?」と、その両親との対話の糸口にすることはできます。

また、あなたがその息子さんに直接会って話ができるようでしたら、それとなく原因を聞き出すこともできるでしょう。そのときの対話では、徹底的に相手に同情し、徹底的に味方になり、徹底的に相手の話に合わせてください。

たとえば、「高校なんか出てなくても、立派に生活している人はたくさんいるからね……」と一応は相手に話を合わせておいて、「また勉強したくなったら、通信教育もあるし……」と心のすき間を軽く突いておくのも、あとで反省のきっかけになることがよくあります。

信仰については、あなたのお立場も、その両親との関係も一切分かりませんので、一般論になるのですが、勧める際には「あなたたち、これで幸せ?」「あなたたちは立派でも、あの子はどうなの?」と、正面からではないアプローチがいいでしょう。人間は心の寂しさ、困惑、みっともないといったことへの同情には弱いものです。

信心の道とは、教理をモノサシとした厳しい自己反省から、生かされている感謝を知り、一切が歓《よろこ》びの種となってくる生活をいうと教えられますが、これこそ、人間が求めてやまない幸せだと思うのです。

あなたは、親神様のお力をバックに、優しい真実を注ぎ続けてください。どんな氷も春先には必ず解けるのですから……。

平成2年3月25日号

問90 ヘルパーの仕事先でおたすけしてもよいか

ホームヘルパーとして半身不随の六十歳代半ばの男性の家に通っていました。昨年末、一緒に散歩している途中に、その男性が意識を失って口から泡《あわ》を吹き、倒れてしまいました。救急車で病院に運び、一時は危篤《きとく》となりましたが、いまは大部屋へ移りました。体はほとんど動きませんが、私が声を掛けると、涙を流しながら手を握り返してくれます。宗教活動がホームヘルパーの派遣会社に知れると、辞《や》めなければなりません。これからの丹精をどうすればいいでしょうか。

回答……細谷由紀子《ほそやゆきこ》 石ノ台分教会長、元沼津市在宅老人健康指導奉仕員

わが国では六年後には、五人に一人が高齢者という時代を迎えようとしています。こ

れに対応して、ヘルパー不足が叫ばれながらも、この四月から介護保険がスタートします。いまヘルパー養成機関には、世間はもちろん教内でも受講希望者が殺到しています。介護保険では二級以上の資格者が原則となり、三級では介護報酬《ほうしゅう》が五パーセント減。ヘルパーの質も問われているのです。

私自身、ヘルパーをしてみて、真の介護は「わが身」を「相手の身」に置き換えてみることだと思いました。そこから相手の苦痛も望みも見えてきて、初めて相手に喜ばれる介護が生まれてくるのです。さらに〝よふぼくヘルパー〟には「皆《み》んな勇ましてこそ、真の陽気」（おさしづ　明治30年12月11日）という大きな役目があると思います。

以前、私も告げ口から信仰を持つ身であることが上司に知れ、注意を受けたことがあります。そのとき私は「人間形成の根底に、天理教の教えあってこそのいまの私です。もし利用者が私を拒《こば》むようでしたら、いつでも引きます」と約束しました。ところが、私への派遣要請は以前にも増して多くなりました。

よふぼくヘルパーとして、精いっぱい世のため人のために〝はたらく〟真実の姿は、必ずや相手の胸を打ち、揺るがぬ信頼関係が結ばれることでしょう。きっと、あなたの言うことなすことに、身も心もゆだねてこられることと思います。

そのときこそ、しっかりと受けとめて、生涯かけての心の支え、体の杖《つえ》にならせていただく覚悟を固めるなら、あなたなくしては一日たりとも過ごすことはできないとの思いが募《つの》り、さらに絆《きずな》は強まります。そこまでいきますと、なんらの不都合もなくなるはずです。

〝心の時代〟といわれるいま、心のほこりを払う手助けをさせていただくよふぼくは、朝夕のおつとめはいうまでもなく、ひのきしんに励み、そのこうのうをもって、おさづけの取り次ぎに臨むなら、必ずや親神様・教祖《おやさま》は放っておかれません。

その方に勇みの心を映すよう、お通りください。「心勇むなら身も勇む」（同　明治23年9月29日）とお教えいただきますように、きっと動かぬ表情に動きが表れ、動かぬ手足は動き始めることと信じます。

どうぞこれからも、よふぼくとしての自信と勇気を持って、親神様の思いに沿って勇

んでお努めくださ い。そして飽《あ》きず、焦《あせ》らず、あきらめずにご丹精くださり、一歩先を歩む〝導きの親〟としての務めも、どうぞお忘れなく。

なお、仕事であるかないかを問わず、人だすけとして利用者にかかわる場合、けが、事故、病気などに関する保証責任として〝ボランティア保険〟の加入をお勧めします。年間五百円程度です。

平成12年3月5日号

問91 他宗教の親類へのおたすけ

脳梗塞《こうそく》を患った親類のおたすけで、近所に住むこの親類の家をたびたび訪れ、おさづけを取り次がせていただいています。まだ体力は完全には回復していませんが、いまでは歩くことも話すこともできるようになりました。

しかし、その人は「また病状が悪くなるのでは」と不安な日々を過ごしています。教会への参拝に誘っていますが、他宗教ということもあり、なかなかお参りしていただけません。この人に、先案じをせずにたすかっていただくには、どのような通り方をすればいいでしょうか。

（53歳・女性よふぼく）

回答……篠田欣吾《しのだきんご》　龍分教会長

この道は人間思案を捨ててかかる道なのです。この辺のところは、お道を通る者なら誰でも知っていることです。

ところが、われわれは人間ですから、どうしても人間思案が出て苦しむのです。しかし、ある意味では、人間らしくていいなと、私も思うときがあります。

捨てるということは、実はとても難しいことだと思います。特に、われわれは何年間もの人間思案の中から、つかむこと、入れることは上手《じょうず》になった一方、出すこと、捨てることは不得手で容易にできません。だから捨てることに力を入れるよりも、つかむほうに力をいれてみてはどうでしょう。

人間思案や先案じを捨てるよりも、それは放っておいて、神様の力を自分に借り入れることに力を入れるのです。おたすけに行っている相手の方が、なかなか分かってくださらなくて、あなたも実はどうしたらいいか悩んでのお手紙でした。本当は、いまこそ、人たすけたい親神様の心を分からせていただくときなのです。

教祖《おやさま》が、世間の人たちに、神様の思いを分かってもらうのに、どれほどのご苦労の道をお通りくだされたかは、よく承知されていることだと思います。ただひたすらに大きい親心で成人を促してくださったのです。

それを受けて道の先人たちは、教祖の思いまでにはなれなくても、よふぼくを育て上げるまでに、悩んだ日も苦しんだ日もあったのではないでしょうか。

あなたはいま、立派なよふぼくとして、会長さんの手足となられ、教えに感動し、ご用に、またご恩報じにつとめておられるようです。そして一人の人をたすけるために、なかなか分かってくださらぬ方を与えていただいたいまこそ、自らを振り返ってみてはいかがでしょう。

あなたがよふぼくになられ、教祖の道具衆として育つまでに、その陰では、なんとか立派なよふぼくに育ってもらいたいと、会長さん方がどれほど苦しみ、どれほど祈ったかということを振り返ったことがありますか。会長さんの、そして教祖のご苦労が、いまのあなたになら分かるはずです。

親の理があって今日の私がある、と心に親の働きの力を入れていくのです。そうしたら、あなたを通じて理（神の働き）が表に出ることと信じます。

平成10年7月9日号

問92 おさづけの効能が現れず、勇めない

私は、ある病気から修養科に入りました。修養科で「人をたすけて我《わ》が身たすかる」と教えられたので、にをいがけに努め、ようやく一人の身上者に話を聞いてもらえるようになりました。ところが、何度おさづけを取り次いでも、身上は良くならず、逆に悪化するばかり。私の病気もいまだすぐれず、心勇めない日が続いています。どのような心遣いをすれば、おさづけの効能が現れ、私の病気も治るのでしょうか。

（41歳・よふぼく）

回答……数寶《すほう》 明《あきら》 御寶分教会前会長

私はかつて先輩から、「おさづけを戴《いただ》いて、その効能の理を見せていただくことがで

きないのは、おさづけの理が効かないからではなく、戴いた人の精神が勇んでいないからです。いずんだ精神で取り次ぐから、生きた働きをお見せいただけないのです。精神が生きていたならば、自由自在《じゅうようじざい》の理を見せていただくことができるのです。死んだ精神とは何か。生きた精神とは何か。これは要するに、たすかりたいという信心と、たすけさせてもらいたいという信心の差であります」という意味の話を聞かせていただいたことがあります。私自身、今日なお忘れることのできない話です。

あなたは病気がちであるにもかかわらず、その中を押して、おさづけを取り次いでおられます。素晴らしい成人への道を歩むよふぼくだと感服すると同時に、すべてのよふぼくが、あなたのような姿に成人したならば、親神様がどんなにお喜びのことかと思いました。けれども、自ら取り次いだおさづけに効能の姿が現れず、喜べないということですが、この道は病だすけではなく、心だすけの道だと聞かせていただきます。心がたすかるということは、元を知って恩に報いていく心になることだと思います。その病気を通して心の成人を促されている親神様の思召《おぼしめし》を悟り、道を伝えていくことが肝心です。

ただ、おさづけを取り次ぐだけでなく、たとえひと言でも神様のお話をして、元を知っていただく心配りの努力をさせていただくことが、よふぼくとして大切な点です。効能の姿が現れないのは、あなたの心に問題があります。おさづけを取り次がせていただけば、必ずご守護を見せていただけるという、確信を持った心で取り次ぐことが大切です。それとともに、陰の徳を積ませていただき、一回でも多くおぢばに帰って、おぢばの理を頂くという、元につながる信仰を忘れてはなりません。

次から次へとご守護を見せていただくと、ややもすれば慢心になりやすいことを思えば、ご守護いただけないのも、あなたにとって意味のあることかもしれません。

この道は願い通りではなく、心通りにご守護くださる理の世界です。お道のご用はすべて、喜ぶ心が欠けたら、理のご守護は頂けないと思います。

あなたは病気の中でも、おさづけの取り次ぎに運ばせていただけるという身の結構さを常に喜ばせていただき、今後も勇んで人をたすけさせていただく信仰へと歩みを進められることを願ってやみません。

平成8年7月21日号

問93 おたすけ先の息子に言い寄られる

三カ月ほど前から、脳梗塞《こうそく》で体が不自由な独り住まいのおじいさん宅におたすけに通っています。この方には、近所に住む四十歳代半ばくらいの独身の息子さんがいるのですが、最近よく、おじいさんの家で私を待ち構えていて、しつこく言い寄られるので困っています。おじいさんのおたすけには、今後も通いたいと思っていますが、男性の行動が無視できません。どうすればいいでしょうか。

（35歳・女性）

回答……篠田欣吾《しのだきんご》 龍分教会長

この世の中で起きてくることは、すべて善《よ》きにつけ悪《あ》しきにつけ、自分の持っているものが、まるで鏡のように映し出されると教えられています。もちろん、その中には自分で気づく部分もあるでしょうが、今生で生きてきた限りでは覚えのないことまで見えてくることもあります。

「君子危《あや》うきに近寄らず」のことわざがあるように、あなたがいま置かれている状態について「そういう所へ行くべきでない」と助言される方もおられるかもしれませんが、避難することのみが信仰の道ではありません。

このことを通して、あなたが神様の意図されるところを悟っていくことが何より大切なのです。

お手紙によると、離婚された後におたすけに出られるようになったそうですが、たぶん、自らのいんねんを自覚されての真剣な心からであると存じます。

あなたの心を定めた道が真剣であるほど、神様の意に沿っているものであるときほど、どんな中も心惑わされず通れるよう、試練になるようなことが少なからず起きてくるものです。

真のおたすけ人として歩んでいけるかどうかの、神様からの〝進級試験〟であると考えてください。

第一には、人だすけは人間思案を捨てて掛かり、どんな中をも心から教祖《おやさま》にお連れ通りいただいていると、もたれきる心を教えられていること。

第二には、「みかぐらうた」でも教えられる通り、この広い世界をおたすけに回るのに〝一せん二せん〟の心で通ることとです。

〝一せん二せん〟とは、「一銭二銭」ないしは「一洗二洗」と教えられていますが、「一洗二洗」ならば、起きてきたことから、これまでの自分の通ってきた道を見つめ直し、心を洗いつつ、きれいになったところへ親神様・教祖に入り込んでいただき、相手を洗い、きれいにしていくことでしょう。

また、私自身の個人的な悟りとして「一戦二戦」という字を当てはめるなら、なんでこんなことが起きてくるのだろうと苦悩しながら、自分の中で〝心の戦い〟をするのです。

自分の我欲のために悩むのではなく、人だすけのうえに心を葛藤《かっとう》させる、おたすけ人としての最高の行いの積み重ねに親神様が働いてくださり、成人の道へとお導きくださるのです。

平成13年9月9日号

問94　2年間にをいが掛からず勇めない

七年前、難病をご守護いただき、修養科、教会長資格検定講習会を了《お》えました。二年前から毎日布教に出ていますが、なかなかにをいが掛かりません。当初は一年で五人のよふぼくを、と張りきっていましたが、いまだに一人もお与えいただけず、勇めない毎日です。いっそのこと働きに出て、おつくしなどの面でご恩報じさせていただこうかと考えています。

（35歳・男）

回答……数《す》寶《ほう》明《あきら》　御寶分教会前会長

お手紙によれば、会長さんのお声通り、親神様の一番喜ばれる、にをいがけひと筋につとめられているとのこと。あなたはとても素直な素晴らしいよふぼくだと感服いたしますとともに、すべてのよふぼくが、あなたのように成人させていただけたらと思いました。

私も布教の道中で、数年間は一人のよふぼくもお与えいただけず、意気消沈したり壁に突き当たった日もありました。あなたも現在、大きな壁にぶつかっておられますね。その壁を打ち破ったとき、あたかも暗いトンネルを通り抜けたようになります。後退してはいけません。いま一歩前進してください。

私たちは壁に突き当たったり、節《ふし》が続きますと、ややもすれば苦しさや勇めないあまり、真実のをやを見失うこともないとは言えません。この姿は、親神様を信じ、もたれきる心を失っているからだと思います。どんな中も親神様を信じ、もたれきる心こそ、いまのあなたに最も大切なことなのです。

「水にたとえて話する。水でも高い所から落ち切ったら噴《ふ》き上《あが》るやろう」

「どんと落ち切れ。落ち切ったらつぶしてもつぶれない道をつける」

（中山慶一《なかやまよしかず》著『私の教祖《おやさま》』）

教祖は人に笑われ、そしられながら、誰一人として耳を傾ける者のない道中も、ただひと筋に、世界一れつの人間をたすけてやりたい親心から、勇んでお通りくだされたのです。よふぼくとして、このひながたを思うとき、わずかな年限で一人もお与えいただけないから勇めない、喜べないといって挫折《ざせつ》するような情けない心では、まことに申し訳ないと思います。

二年間つとめた理は、必ずお受け取りくださっており、決して無駄《むだ》にはなっていません。否《いな》、その反対に、苦労の道が続けば続くほど、勇んで通らせていただき、捨ててはおけん理、放ってはおけん誠真実の理を積んでいくことを忘れてはなりません。

また一面、あなたが成人できないうちに次から次へと人をお与えいただいたとしたら、あなたは慢心して、己《おの》が力でにをいを掛け、己が努力で人をお与えいただいたという高慢な心が起こってくるでしょう。一生懸命やっているのに、それだけのご守護をお見せいただけないのも、これまた大きな親心だと私は思います。思い通りにならないところに、成人ができてくるのです。

「通り難《に》くい道を通れば、後々良き道という」（おさしづ　明治24年1月8日）。たとえ現在、通りにくい道であろうとも、をやを信じ、をやにもたれ、教祖百十年祭を目指し、一段と頑張ってください。必ずや、往還道《おうかんみち》への姿をお見せくださることを確信いたします。

平成5年5月16日号

問95 布教師として焦りと後悔の日々

布教師としての焦《あせ》り。どうして布教師になってしまったのかと後悔する。教祖《おやさま》のお言葉で、無気力感から何度となく救われてきた。布教先での冷たい無理解と無反応。これも教祖の通って来られた道すがらと思って通っている。でも……。自分に嫌気《いやけ》がさして、勝手にやめてしまえばいいのに、それもできない。じゃあ、どうすればいいの。どんなことがあっても心定めを実行する。それもできないようなら死ねばいい。自分のための信仰だから、人に責任を転嫁《てんか》するのはやめた。教祖と私、いまはただそれだけ。

（36歳・女性）

回答……西山茂男《にしやましげお》 信大分教会長

あなたは教祖のお言葉を素直に受けとめられる、立派な信仰を持っておられます。布教師になったことを後悔されていますが、それは、控《ひか》えめな性格のせいだと思います。たとえば「やめてしまえばいいのに」とか「人に責任を転嫁するのはやめた」との文章から分かります。頭では分かっていながら、できないもどかしさと焦り。そんなときには、大きな心になって頑張るようにと励まされると、心はますます小さくなって、逃げだしたくなります。そんな気持ちは、私にも痛いほど分かります。

それというのも、昔の私も、あなたと全く同じ状態でした。人が二、三人寄ると自分の思いなどを上手《じょうず》に話すことができず、自分には布教師の素質はないと思い込み、自信もなくなり、この世界から逃げ出して、話す必要のない所で静かに暮らしたいという絶望の日々でした。

ちょうどそのころ、「心の温和《おとな》し、何も言わん素直の心が、順序の道である程に。それで一つの道の理か、わりてあるのやで」（おさしづ　明治33年1月25日）という親神様のお言葉に出合ったのでした。

何回も何回も読み返して、「心の控えめのままでよろしい。上手に話ができなくてもよろしい。ただ親神様のお言葉を素直に受けとめて実行していくのが正しい生き方である。それでちゃんと道のご用に立っているのや」と、私は受け取りました。

その日からあなたと同じような、布教師としての焦りから解放され、目からうろこが落ちるほど、心の底からの安心感を覚えました。それからの私は、教えの一つひとつを、無条件に実行し始めました。たんのうの心です。百十五歳に挑戦です。心わくわくの毎日になりました。

「教祖のお言葉に胸が熱くなる」「教祖と私、いまはただそれだけ」と言われ、あなたが一番頼りにしておられる教祖の百十年祭が、一年半後に勤められます。

この旬《しゅん》に、いまのあなたが一番信じている教祖の教えを、たった一つでいいから、黙って素直に実行してみてください。そうすると、教祖とあなたの心とは、さらに深い絆《きずな》で結ばれて自信がついてきます。『諭達第四号』の中で真柱様が仰せくださる「一人ひとりが、真剣に実践し、成人すること」とは、このことだと思うのです。

自分一人の思い込みから抜け出して、教祖の思いに沿って、心の成人に進んでください。焦ることはありません。いまのままでいいのです。存命の教祖は、両手を広げてあなたの成人を待ちわびておられます。

平成6年7月24日号

問96 大学に進んだ長男に信仰伝えたい

この春、教会長後継者である長男が、信者さんや上級の教会の方々のおかげで、東京の大学に進学します。子供たちには常々、質素にすることと親神様のご恩に感謝することを言い聞かせてきました。長男には巣立ちに際し、〝最後の仕込み〟として「将来は学んだことを生かして、親神様のご用のできる人になりなさい」と、言葉を尽くして話しました。しかし、弟や妹もいることから、安易な気持ちでいるのではないかと心配しています。離れて暮らすようになった長男に、これからどのように信仰を伝えていけばいいのでしょうか。

（教会長）

回答……谷本妙子《たにもとたえこ》　讃光分教会長夫人

まずは、ご進学おめでとうございます。

さて、教会に育った子供たちは、後継者のみならず、旬々《しゅんしゅん》の仕込みを受けて今日に至っておられると思いますので、息子さんも、どこの地で学び生活されようと、慎みと報謝の心で通られ、この機に多くの教外者と交わりながら信仰を深められることでしょう。

ところで、教会長の子弟と言えど、それぞれの教会の方針があり、学生生活やその後の歩み方は千差万別だろうと思いますので、ごく平凡にお連れ通りいただいた私の三人の子供のことを、少しお話しいたします。

私の長男は京都、二男はおぢば、娘は東京と、三人三様の学生生活を送りました。

娘の下宿の近所には教会があり、朝夕のおつとめの太鼓の音に手を引かれ、娘も参拝するようになりました。私もご用で上京した折には、その教会に寄せていただきました。

娘は、その教会の会長様の人柄に魅《み》せられ、常日ごろから薫陶《くんとう》を受けて、直会《なおらい》の料理に至るまで多くのことを学ばせていただきました。また、東京教務支庁や「東京一れつ会館」には多くの学生が出入りしていますので、求めればそこで身につくことは多く、おぢばの声を明確につかめる絶好の場でないかと思いました。

長男は、下宿に神実様《かんざね》をお祀《まつ》りし、講社祭には親が出向きました。長男も、おぢばへの毎月の参拝を欠かしたことはありませんでした。

なかでも、家を離れた子供たちに対して留意した点は、信者さんの様子を伝えること。身上や事情、日参状況などを知らせて、子供にも、よくお願いづとめを頼みました。また『天理時報』を送ることで、子供たちの〝道の子としての目線〟が保たれました。

お道では「親への孝心は月日への孝心と受け取る」とお教えいただきますが、子に尽くす以前に、親孝心をもってつとめることも、わが子を支えてくださる周囲の人々に恵まれる元となるでしょう。

神田川《かんだがわ》の川面《かわも》に映る夜桜を、娘と切なく眺《なが》めた日々は遠く去り、子供たちはお道の真っただ中をお連れ通りいただく、きょうこのごろです。

平成13年3月25日号

問97 教会での伏せ込みが嫌になった

僕はいま、自教会で青年として伏せ込んでいますが、もうこれ以上、教会でつとめるのが嫌《いや》になってきています。こうなってしまったのも、自分の性格の悪さからだと思っていますが、振り返れば、小さいころから今日まで、親に心配の掛け通しでした。姉は、ある教会長後継者と結婚し、教会長後継者である兄もまた、近々結婚の予定です。周りの環境が目まぐるしく動き始め、僕はどうしていいのか分からず、ただ漠然《ばくぜん》と日を送っているような状態です。そんな中で教会生活を続けているのですが、そこからいったい何を見つけ出せばよいのでしょうか。

（24歳・教会長子弟）

回答……宮﨑伸一郎《みやざきしんいちろう》 梅満分教会長、日本臨床心理士

いまのあなたは、自分の存在がすべてに中途半端に思えて、はっきりとした「役割」を見つけられずに苦しんでいるように思います。いまのつらさや苦しみを、心を開いて、誰かに相談したことがありますか？

「身近な人に相談して答えが分かるくらいなら、苦労はしない」と言われるかもしれませんね。でも実は、その状態が、あなたの悩みを余計に深くしているのではないでしょうか。

「自分の性格の悪さから」と言われますが、それでは、あなたのいまの悩みの答えが簡単すぎるとは思いませんか。むしろ私には「自分は、いままで言われる通りにやってきたのに、いつの間にか、こんなふうになってしまった」という、何か思うような見返りがなかったことを訴えるような被害者意識が、あなたの心の中に潜《ひそ》んでいるように感じてしまうのです。

見返りを求めるほど、人は苦しむものだと思います。これまでのせっかくの伏せ込みを、「……のに……」という悲しい言葉でつなげるのは、どうかなと思います。

いま、あなたの心の中では〝悪もの探し〟や〝悪かったこと探し〟に忙しくて、毎日の生活に感動や喜びがなくなり、周囲の人を信用できなくなっていませんか。人の話も素直に聞けず、自分の心の中で、相手のいない独り言を言っていることが増えていませんか。もし私の話に身に覚えがあったら、あなたの人生は、決して最悪なんかじゃありません。これは、ちょっとした心のすき間に「むなしさ」という影が入り込んだとき、誰でも陥《おちい》りやすい状況だからです。こんなときに、兄弟姉妹や他人と比較しても、気が焦《あせ》るばかりで何の解決にもなりません。苦しくても時間がかかっても、あなた自身で、これからの生き方を探すしかないのです。

現実的にも信仰的にも、あなたの心の切り替えが必要な〝時〟だと思います。いつも受け身の姿勢で生きてきたあなたが、人間的にもう一段成長するための骨の「きしみ」の苦しさだと受け取ってほしいのです。

あなたは本来、心のエネルギーを強く持った人だと思います。問題は、そのエネルギーの使い方です。人間思案で費やすエネルギーは、人との出会いや何かの出来事をきっかけにして、いくらでも陽気ぐらしに向かうエネルギーに変化し得ると私は信じています。

いまは苦しくても、自分で自分を小さくがんじがらめに縛《しば》りつけないで、自分から積極的に周囲にかかわっていく動きを始めることです。

独りぼっちの孤独感にうつむかずに、顔を上げてじっくり周りを見渡してください。必ず、あなたの成長のために力になってくれる人がいるはずです。自分に都合のいい答えを求めずに、どうぞ、その人に、素直に自分の心を話しかけてみることから始めてみてください。

平成10年2月15日号

問98 教会長夫人になる自信が持てない

教会長後継者と結婚して七年になります。夫は、会長夫妻である両親から、そろそろ会長を譲りたいと言われていますが、私は妻として素直に受け入れる返事ができずにいます。義理の両親とは表面的な付き合いしかできていないし、夫も教務が多く留守がちで、十分な相談ができません。いつかは夫が教会長にならなければとは思いますが、妻である私がこのままの気持ちでは申し訳ないと思います。心のわだかまりを解くすべはあるのでしょうか。

回答……西村《にしむら》 富《とみ》 一筋分教会前会長夫人

いずれ教会長になる人と知っていて結婚して七年。あなたは、頭では何もかも分かっているけれど、どうしても釈然としない気持ちがあるということですね。

『天理教教典』には、立教の元一日から陽気ぐらしへの成人の道筋を、ひながたを通して詳しくお教えくださっています。どうぞ、心澄まして何度も教典を勉強してください。

いんねんあって（選ばれて）教会長後継者と結ばれた以上、親神様・教祖《おやさま》は、あなたに期待され、身の回りに起きる事情や身上を通して、成人のための課題を与えられ、しっかりお仕込みくださると思います。

「おさしづ」には「辛《つら》い日は楽しみ。辛い日辛いと思うから間違う。聞き分け。一日という。辛い中〳〵、辛い理より一つこうのうあろまい。しんどの中に実《み》がある。楽の中に実が無い」（明治32年12月6日）と諭されます。いやいや引きずる荷物は重くても、身《み》支度《じたく》を整え、勇んで背負う荷物は軽く感じます。ここに物事に対する心構えの要点があります。

婦人会の成人目標は「ひながたをたどり陽気ぐらしの台となりましょう」ですが、これについて、二代真柱様は「台とはどこまでも芽のふく台であります。……これは下積みという封建的な意味ではなく、女は子を生むことができると同様の意味合いにおける、創造の力を持つものとしての、すべての台という意味であります」（天理教婦人会第三十回総会でのお話）と、温かく力強く励ましてくださいました。

また、教会は〝たすけの道場〟です。さまざまな事柄が持ち込まれ、なかには嫌《いや》なことも見聞きします。それを、台を肥《こ》やす肥《こえ》として消化できるか、いつまでもわだかまりとして持つか。「人がめどか、神がめどか。神さんめどやで」（『稿本天理教教祖伝逸話篇《いつわへん》』一二三「人がめどか」）とのお諭しを思案してみてください。

「義理の両親とは表面的なお付き合い」では困ります。しっかり親（根）につながることが、これからのあなたや子供、お預かりする信者さんの命運を決めます。親にしっかり尽くしてください。何ごとも、病むより結構です。元気でつとめられることに感謝して、日々勇んでお通りください。

平成12年6月25日号

問99 教会につながってもらうには

教会長の実弟の叔父《おじ》夫妻のことです。長らく信仰から遠ざかっていた叔父夫妻が、私が教会に嫁いだ十四年ほど前から月次祭にも参拝してくださるようになり、おさづけの理も拝戴《はいたい》しました。しかし、八年前に叔父が脳梗塞《こうそく》に。一命は取り留めましたが、半身まひで療養中です。生計を立てるため、叔母《おば》が働き始め、定年退職した一年ほど前からクリーニング店を営んでいます。叔父が働いていたころは毎月、教会に運んでくださっていたのですが、徐々に間隔があくようになりました。私なりに一生懸命つながせていただいてきたつもりですが、今後、どのように通らせていただいたらよいか悩んでいます。

(教会長後継者夫人)

回答……西山茂男《にしやましげお》　信大分教会長

教会に住まう者として大切なことは、親神様の教えに基づいて陽気ぐらしの生活を心掛け、そういう人を一人でも多く導いて、陽気ぐらしの輪を世界に広げてゆくことだと思います。

教祖《おやさま》は、世界中の人々が皆、陽気ぐらしの生活ができるようにと、五十年のひながたの道をお通りくださいました。その方法として教えられたのが、おつとめです。

したがって、教会の者は、おつとめを真剣に勤めて、みかぐらうたに込められている親神様の教えを実行し、自らの心の成人に励み、にをいがけ・おたすけに集中することが肝心です。それがないと、教会としての存在意義はないことになります。

なかには教会長後継者などが事業を営んでいる場合もあります。事業を通して、信仰のもとに、大勢の人々を導いている方もいますが、普通は自分自身の成人のための時間、おたすけの時間が少なくなって、その結果、教会のご用をするのは女性が中心となってしまいます。

教会には、会長を中心とした〝理の面〟がしっかりとしていることが肝心ですが、それとともに、会長夫人を中心とした温かい〝情の面〟も必要なのです。後継者の妻は、そのことを心において、信者さんの一人ひとりが楽しみの心になるような心配りが大切です。

あなたは電話や手紙を通じて、教会と信者さんとの「つなぎ」に励み、教会の一番大切なことを、素直な心で忠実に実行しておられるのがよく分かります。

あなたは叔父さんが病気のために仕事ができなくなり、教会への運びが疎《おろそ》かになってきたことに心を痛めていますが、それよりもいまは、病気の夫を抱えながら、職業を持って世の荒波を渡っておられる叔母さんの心を励まし、親神様・教祖を信じて、心を倒さずに勇んで日々を通ってくださるよう、心を尽くすことのほうが大切です。

親神様は「百万の物持って来るよりも、一厘《りん》の心受け取る」（おさしづ　明治35年7月20日）と教えられます。教会の者は、この「一厘の心」をしっかりと受けとめることが大切です。そこには「この家へやって来る者に、喜ばさずには一人もかえされん」（『稿本天理教教祖伝』25ページ）という教祖のお心が生きています。このことは、いまのあなたにとって大切な役目なのです。

よふぼくには、この世創《はじ》めた親神様が入り込まれて、どんなご守護も下さいます。自信を持って、いまの道を勇んでお進みください。

平成10年6月7日号

問100 将来が不安な教会長後継者

今春、大学を卒業する教会長後継者です。私の本心としては、一度世間に出て働くのも悪くないと思っていたのですが、親の勧めで卒業後は教会の青年づとめをさせていただくことになりました。友人たちは企業への就職も決まり、将来に向けて確かなビジョンを持っているのに、自分だけが取り残されているような気がして将来が不安です。

（T男）

回答……篠田《しのだ》欣吾《きんご》 龍分教会長

君の言う友人たちの将来のビジョンとは何なのでしょうか。自分の地位か、金や物なのか。よしんばそうではなくて、仕事を通じた社会への貢献だとしても、本当にそれが男の最高の仕事でしょうか。社会がどれほど経済や文化の面で発展したとしても、それを動かす人の心が、本当のところから外《はず》れてしまっては何にもなりません。

その本当の人の心のあり方を教えてくださったのが、親神様であり、教祖《おやさま》なのです。人類の親の存在を知らせ、その目的である陽気ぐらしへと人々の心の向きを変え、育てたすけていくという最も大切な人生の問題を伝え導いていくことが、今日、どこでなされているでしょうか。

自らをやの心を求め、教祖のひながたを心の支えとし、人々の心をたすけるために歩み続けるのが教会であり、教会長の姿です。人として最高の仕事だとは思いませんか？

でも、そんな素晴らしいご用をするうえで、急にその資格はできにくいのです。芽が出て、実をみのらせるまでに、まずしなければいけないのが、根を張ることなのです。芽が根の時代は、暗くて固い中を歩んでいるときです。でも、その順序を経ないと芽は出ません。

私も学校を出て十年近く青年づとめの道を通りました。金はない、立場も何もない、自分が世の中から置いていかれたように思えた時代でした。仕事といえば、とうてい大の男がすることではないと思えることばかりでした。行くにも苦しい、さりとて戻るのも悔《くや》しく、社会で働く同世代の人々とまるで逆行しているように思えました。

ところが、五年ぐらいたったとき、ふと学生時代、体育の時間に習った弓道を思い出したのです。引くんだ。そうだ。矢が飛ぶためには引かれるのだ。ぎりぎりまで引かれ、手が離れたとき、一番強く飛んでいくのが矢の姿なんだ。そう思ったら、少し気が楽になり、勇んで通れるようになったものです。

いかに親の勧めとはいえ、この道を選んだ君だもの、素晴らしい魂の持ち主だと思います。できることなら心の踏んぎりをつけて出発してほしい。この道は、嫌々《いやいや》受ける道ではないのです。親の心を「ハイ」と自らの心に得心してかかる道なのです。

心を定め、努力を積んでいったら、必ず先には心配いらぬ日が待っています。君が教会長になったとき、それが分かるでしょう。

平成5年1月31日号

「人生相談」に見え隠れする心理

古《ふる》市《いち》 俊《とし》郎《ろう》

新聞・雑誌などで行われる「人生相談」は、対面式のカウンセリングや、お道でいう「胸から胸へ」のおたすけ現場と違い、メディアを経由する現代社会ならではの特殊な相談形式である。その構造から見て「公開性」「非双方向性」「匿名《とくめい》性」の三つの特徴があると思われるが、そこに見え隠れする相談者と回答者と読者、また編集者のさまざまな心理を追いかけてみたい。

公開性

なぜ相談を公開にするのか。答えは明らか、読者が主役だからである。読者のための相談内容であり、読者のための回答である。一人の読者の代表が話題を提供し、一人の回答者が代表して答えていく。それを読者が各自の感性で受けとる。読むか読まないかは読者の自由であるが、編集者と回答者は、視聴率を気にする番組プロデューサーと脚本家のように、読者の声が気になる。

世の中の「人生相談」を見ると、回答者には二つのタイプが見られる。世間に名の知れた作家やタレントの場合と、専門性をもつ学者や宗教家という肩書きのある人たちである。どういう回答者かによって、読者の投稿も左右されるだろう。

有名人回答者には、その人独自の判断や感性に興味がわく。できればまねをして同一化を試みることもある。常識的な回答ではなく、回答者の個性がたっぷりと出ていることを、読者は期待する。

専門的立場の回答者に求められるものは内容だろう。普通に予想される正しい回答では魅力がない。ポジティブ（積極的）な受けとり方、明るい解釈、意表をつく方法、変化が起こりそうな期待感、支えてもらえそうな安心感など、何かがほしい。正しいことを並べるだけでは単に正しいだけで、相談者はもちろん、読者も満足しない。

ここに回答者の苦心がある。しかも、どんな権威者や達人が目にするかもしれない。活字は時代を超え、空間を超えて伝わるものだから、推敲《すいこう》を重ねるうちにおじけづいて、つい無難な表現に落ち着いてしまうことだってある。

非双方向性

最近、双方向テレビというのが出てきた。ただ視《み》て聴くだけの従来のテレビと違って、これは視聴者側からも発信できる参加型テレビである。このようにやりとりができることが双方向である。とすると、紙上の「人生相談」は、このやりとりがないので、非双方向性という特徴になる。

相談活動では、目で観《み》て耳で聴いて、あいまいな点は質問し、言葉の言いかえや話の要約によってより深く確かめていく。一度理解したことも、言葉をやりとりしてこそ確認や修正を行うことができる。

しかし紙上の「人生相談」は、文字が唯一の媒体。たとえ上手《じょうず》に心境が綴《つづ》られていたとしても、微妙な感情は伝わりにくい。「あのう—」「なんて言うか、こう……」という会話にはつきものの、感情にフィットする言葉探しをするプロセスはすべて消される。無駄《むだ》のない仕上がった文章に、複雑な心の状態を見いだすことはむずかしい。

「人生相談の回答はプロファイリングみたいだ」と過激なたとえを言った人がいたが、実感である。わずかなデータから人物像を描き出す犯罪捜査に似ている。行動パターンを予想し、次に現れてくる問題も推測する。私たちの生活は時の流れの中にあり、動きをもっている。その流れる生活から切り取った「静」の断片を手がかりにして「動」を予想することのむずかしさだと言っては、大げさであろうか。

この特徴は、回答者に孤独な作業をもたらす。言葉のやりとりができる相談は共同作業であるが、これは単独作業である。カウンセリングは、対話というコミュニケーションを通して、相談者とカウンセラーが共同して解決を探る営みである。受容や共感を通して信頼関係が生まれる。しかし、これにはその相手がいない。

相談文を何度も読み返し、イメージをふくらませていく。ドラマのシーンが次々浮かび上がるまでイメージを深める。頼りとするのは自己の経験と社会常識、そして信仰者のみに備わった「神の目」「神の意思」を感じる力である。

能楽者・世阿弥《ぜあみ》が「離見《りけん》の見」の大切さを説いたように、自己から離れた位置に目を置いて眺《なが》めてみる。ある時は鳥の目・虫の目、また龍《りゅう》の目・蛇《へび》の目で、空間・時間的な軸でも眺めて、あれかこれかと神の意思に近づくよう思案を巡らす。これは回答者に割り当てられた尊い営みである。

だが、この孤独な営みには、結果の確認ができないつらさがある。回答が良かったのか悪かったのか、期待に応《こた》えられたのかどうか不安が残る。編集者に回答が渡れば作業は終わり。相談者との関係は、いとおしさも含めて切れてしまう。カウンセリングの終結はさまざまな様相を呈《てい》するものだが、この回答はいつも密《ひそ》やかに終わってしまうのが決まりである。

匿名性

相談者が匿名という特徴は大きい。この点は電話相談の利用しやすさと類似点が多い。どこの誰か、顔も名前も隠しておけることは、苦悩の相談者にとって相談しやすい、あとを引かない、立場の弱みにつけこんだ叱責《しっせき》や非難に傷つく被害が少ないなどの利点がある。

悩みを打ち明けることとは、隠しておきたい秘密や過去を話すことで、勇気と決断がいる。一度口にしたら取り返しがつかないので、ためらう人が多い。匿名性は、この壁をかなり低くしてくれる。

相談を受ける者には守秘《しゅひ》義務がある。医師や弁護士、心理カウンセラーなどと同じである。もちろん、教会長・布教師も含まれる。安心した枠《わく》組みでこそ心を打ち明けられるのに、相手の勝手な判断で人に知られたら二度と相談はできない。

身上・事情を教会には知られたくないと隠すようなことが万が一にもあったならば、その教会は守秘義務が守られていないか、気持ちを無視した紋《もん》切り型のお諭ししかできなくなった教会に違いない。

また、話に嘘《うそ》を混ぜられることも匿名性の特徴である。これは相談しやすいという利点でもある。何でも深読みする回答者や一部の読者は、いつも信憑性《しんぴょうせい》を疑う癖《くせ》がある。「こんなことが実際にあるのか」「編集部で作った相談ではないか」と疑って、声をかけてきた読者もいた。しかし百パーセント本物であれ、一部が偽物《にせもの》であれ、作意があってもなくても、大騒ぎする問題ではない。

こう言うと、「嘘はよくない」とか「偽物の相談には答える必要がない」と、生真面《きまじ》目《め》人間から文句が出そうである。感情的には分かるが、所詮《しょせん》、現実なんてそれぞれ固有の認識であって、真理が個人と離れて存在しているわけではない。家庭内のトラブルを父親と母親で違った見方をしている場合など、どこにでもある。当然、二人の口から出る説明は異なり、どちらかが本物でどちらかが偽物というわけではない。どちらも、その人には本物。その人の認識に沿った回答こそが、援助として効果をもたらす、と私は信じている。

◇

さて、紙上の「人生相談」は相談ではなく、情報だと思う。情報が生かされる道は、まず知られることである。身上や事情はもちろん、人間関係でこんなに苦しんでいる人たちがいることを知る。いままで気づかなかった知恵や悟り方を知る。知ることは、知性と悟性を豊かにし、生活を豊かにする。

そして、情報は受ける側の力で光り輝く。八方ふさがりの状況に突破口を見つけたり、爆発寸前の状態で怒りを和《やわ》らげたりできるかどうかは、その読者の力による。言葉は単なる記号で、実体をともなってこそ意味をもつ。甘いものを口にしたことがない人は「甘い」という言葉の意味が分からないように、回答文が名言になるのも、金言として人生に生き続けるのも、すべて読者自身の生活体験とつながってこそである。

例をあげよう。いつも不満しか言わず、何かにつけ怒鳴《どな》り散らしている夫がいた。妻はそういう夫が嫌《きら》いで、悪党を見るように避けていた。しかし、あるとき「激しい怒りの奥には深い悲しみがある」と耳にした。瞬間、妻は何かを悟った。夫は好んで怒っているのではない。誰にも理解されず、見捨てられた孤立感から怒ってしまうのだ。夫の心中は、その悲しさなのだと知った。それからは、怒鳴られても前ほどの怖さはなくなり、夫婦仲が変わったという話である。

「人生相談」は読者が主役。回答文の中から、思案の参考やモデルが一つでも得られたなら、その情報は生気を得て、読者の人生をより豊かなものにしていくことだろう。

回答者一覧

（掲載順、肩書は平成16年2月現在）

古市《ふるいち》俊郎《としろう》――昭和27年生まれ。福之泉《ふくのいずみ》分教会長、スクールカウンセラー。

早樫《はやかし》一男《かずお》――昭和27年生まれ。ファミリーセラピスト、彌生《やよい》布教所長。

宮﨑伸一郎《みやざきしんいちろう》――昭和31年生まれ。梅満《うめみつ》分教会長、日本臨床心理士。

堀尾《ほりお》治代《はるよ》――昭和21年生まれ。天理大学教授、教育学博士、日本臨床心理士。

宇恵《うえ》義昭《よしあき》――昭和11年生まれ。共成《ともなり》分教会長、五條《ごじょう》大教会役員、奈良少年院・少年刑務所教誨師《きょうかいし》。

林《はやし》道治《みちはる》――昭和23年生まれ。「憩《いこい》の家」産科部長。

宮﨑《みやざき》道雄《みちお》――昭和2年生まれ。朝倉《あさくら》大教会役員、梅満《うめみつ》分教会前会長、久留米《くるめ》大学名誉教授、医学博士。

回答者一覧

天《てん》満《ま》益《ます》信《のぶ》——昭和3年生まれ。撫《む》養《や》大教会役員、首《しゅ》府《ふ》分教会前会長。

丸《まる》田《た》敬《けい》子《こ》——昭和8年生まれ。洲《す》本《もと》阪《さか》分教会長、元「憩の家」看護副部長。

山《やま》本《もと》實《みのる》——昭和10年生まれ。飾《しき》扇《せん》分教会長。

數《す》寶《ほう》明《あきら》——大正15年生まれ。御《み》津《つ》大教会役員、御《み》寶《ほう》分教会前会長。

矢《や》野《の》道《みち》三《ぞう》——昭和9年生まれ。射《い》水《みず》分教会長、社会福祉法人射水万葉苑《まんようえん》副理事長。

西《にし》山《やま》茂《しげ》男《お》——大正9年生まれ。信《しん》大《だい》分教会長、五《ご》條《じょう》大教会役員。

山《やま》本《もと》武《たけ》生《お》——大正11年生まれ。須《す》崎《さき》分教会長、高《こう》知《ち》大教会役員。

種《おい》田《だ》和《かず》清《きよ》——昭和24年生まれ。「憩《いこい》の家」健康管理室長。

鶴《つる》田《た》一《いち》郎《ろう》——昭和23年生まれ。㈶日本老人福祉財団「大阪ゆうゆうの里」診療所長。

中《なか》川《がわ》矩《のり》子《こ》——昭和8年生まれ。生《い》駒《こま》大教会前会長。

矢《や》持《もち》辰《たつ》三《ぞう》――大正11年生まれ。豊木《ほうぼく》分教会前会長、元天理教校専修科主任。平成12年出直し。

西和田《にしわだ》　誠《まこと》――昭和23年生まれ。「憩《いこい》の家」麻酔科部長。

西村《にしむら》　富《とみ》――昭和6年生まれ。一筋《ひとすじ》分教会前会長夫人。

林《はやし》　芳繁《よししげ》――昭和20年生まれ。社会福祉法人「天寿会《てんじゅかい》」理事長、特別養護老人ホーム「ひびきの郷《さと》」園長。

山崎《やまさき》利雄《としお》――昭和6年生まれ。元立命館《りつめいかん》中学・高校教諭。

小金井《こがねい》喜好《きよし》――昭和12年生まれ。心治《しんじ》分教会長。

渡部《わたなべ》与次郎《よじろう》――昭和4年生まれ。愛与《あいよ》布教所長。

西和田《にしわだ》ヤスハ――大正12年生まれ。天理学寮豊井《とよい》ふるさと寮長。

恩田《おんだ》昌史《まさし》――昭和14年生まれ。天理大学教授、同大学ホッケー部部長・女子部監督。

篠田《しのだ》欣吾《きんご》――昭和15年生まれ。龍《りゅう》分教会長、明城《めいじょう》大教会役員。

谷《たに》本《もと》妙《たえ》子《こ》――昭和18年生まれ。讃光《さんこう》分教会長夫人。

辻《つじ》　茂《しげる》――昭和26年生まれ。十津川《とつかわ》分教会長、旭日《あさひ》大教会役員。

駒《こま》井《い》茂《しげ》春《はる》――大正12年生まれ。元株式会社ダスキン代表取締役会長、照《てる》道《みち》布教所前所長。平成10年出直し。

田《た》村《むら》一《いち》二《じ》――明治42年生まれ。元社会福祉法人「大木《おおき》会」理事長、みちのはな布教所前所長。平成7年出直し。

細谷由紀子《ほそやゆきこ》――昭和15年生まれ。石ノ台《いしのだい》分教会長、介護講師の会「さむしんぐ21」代表。

武《たけ》田《だ》　明《あきら》――昭和12年生まれ。北榮《ほくえい》分教会前会長。

弘《ひろ》長《なが》米《よね》次《じ》――昭和6年生まれ。周東《しゅうとう》大教会前会長。平成15年出直し。

人《じん》生《せい》相《そう》談《だん》セレクション　100の悩みに答える100の諭し

立教167年（2004年）　3月1日　初版第1刷発行

編　者　天理教道友社

発行所　天理教道友社
〒632-8686　奈良県天理市三島町271
電話　0743（62）5388
振替　00900-7-10367

TENRIKYO DOYUSHA

印刷所　株式会社　天理時報社
〒632-0083　奈良県天理市稲葉町80

ISBN4-8073-0493-3
定価はカバーに表示